Astalo Garcia

Stärkung der Führungsrolle von Jugendlichen bei der Gewaltprävention in Mexiko

AF154855

Astalo Garcia

Stärkung der Führungsrolle von Jugendlichen bei der Gewaltprävention in Mexiko

Gender als Mittel zur Verbesserung der Lebensqualität in Coahuila und Durango, einer Region im Norden Mexikos

ScienciaScripts

Imprint

Any brand names and product names mentioned in this book are subject to trademark, brand or patent protection and are trademarks or registered trademarks of their respective holders. The use of brand names, product names, common names, trade names, product descriptions etc. even without a particular marking in this work is in no way to be construed to mean that such names may be regarded as unrestricted in respect of trademark and brand protection legislation and could thus be used by anyone.

Cover image: www.ingimage.com

This book is a translation from the original published under ISBN 978-3-330-32649-1.

Publisher:
Sciencia Scripts
is a trademark of
Dodo Books Indian Ocean Ltd. and OmniScriptum S.R.L publishing group

120 High Road, East Finchley, London, N2 9ED, United Kingdom
Str. Armeneasca 28/1, office 1, Chisinau MD-2012, Republic of Moldova, Europe
Printed at: see last page
ISBN: 978-620-7-39340-4

Inhalt

"Niemand wird als guter Bürger geboren, keine Nation wird als Demokratie geboren. Vielmehr sind beides Prozesse, die sich im Laufe des Lebens weiterentwickeln. Junge Menschen müssen von Geburt an einbezogen werden. Eine Gesellschaft, die sich von ihrer Jugend abschneidet, kappt ihre Lebensader, sie ist zum Ausbluten verurteilt."

Kofy Anan Generalsekretär der Vereinten Nationen (2005)

Abstrakt

Die vorgeschlagene Arbeit mit Kindern und Jugendlichen ist Teil von fünfzehn Jahren Erfahrung in der Arbeit mit Männern, die Gewalt und die Teilnahme an Reflexionsgruppen, Vaterschaft Programme installiert wurden. Seit 2006, die geographischen, politischen und wirtschaftlichen Bedingungen, erheblich beeinträchtigt die Region, was zu Gewalt als aufstrebende städtische Gewalt und Kriminalität mit der Installation eines Staates der hilflos, Angst, Unsicherheit und Misstrauen der Bevölkerung organisiert. 2007 wurden die Menschenrechte, insbesondere von Frauen, verletzt, Frauenhäuser für extreme Gewalt geschlossen und die für Frauen gekennzeichneten Ressourcen wurden entfernt und missbraucht.

Von 2009 bis 2012, gilt als eine Übergangszeit im Leben der Gruppe derNeue Männer vonLa Laguna, geprägt von lokalen und nationalen kontextuellen Szenarien, die eine tiefere Reflexion über das, was getan wurde gefordert haben, tun Systematisierung von Erfahrungen, die Eingang zu Design neue Strategien bekommen würde. Dieser Vorschlag ist insofern relevant, als er darauf abzielt, einen Beitrag zur Suche nach Alternativen in der Prävention von Gewalt und Kriminalität zu leisten, vor allem eine Gewalt, die auf dem Geschlecht basiert, versucht, eine andere Führung zu fördern als die, die von einer patriarchalischen Kultur vorgeschlagen wird, die sich auf Männer und Adultismus konzentriert, trägt zu einer größeren Rolle von Mädchen und Frauen bei der Ausübung ihrer Rechte bei.

Beim Kinderschutz geht es darum, Anzeichen von körperlichem, sexuellem oder emotionalem Missbrauch oder Vernachlässigung zu erkennen und darauf zu reagieren, aber beim *Kinderschutz* geht es darum, Kinder und Jugendliche vor einem viel breiteren Spektrum potenzieller Schäden zu schützen, und es geht um präventive Maßnahmen, nicht nur um Reaktionen. Ein wichtiger Aspekt des Projekts war daher sein Schwerpunkt auf Aktionen und insbesondere darauf, Kinder und Jugendliche zu ermutigen, sich für soziale Gerechtigkeit einzusetzen. Die Beteiligung von Jugendlichen, Mädchen und Jungen bezieht sich allgemein auf den Prozess der Teilhabe an Entscheidungen, die das eigene Leben und das Leben der Gemeinschaft, in der man lebt, betreffen. Sie ist das Mittel, mit dem eine Demokratie aufgebaut wird, und sie ist ein Maßstab, an dem Demokratien gemessen werden sollten.

Partizipation ist das Grundrecht der Staatsbürgerschaft.

Unser Ansatz unterstützt Kinder und Jugendliche bei der Entwicklung neuer Fähigkeiten und Fertigkeiten, die sie in die Lage versetzen, von der Reflexion und Analyse zur Suche nach Lösungen und zur Planung gemeinsamer Maßnahmen in der Gemeinschaft überzugehen, um ihre schwierige Situation der Gewalt und Gefährdung zu bewältigen und zu verändern. Auf diese Weise werden sie in die Lage versetzt, eine aktive Rolle zu übernehmen und sich für Veränderungen in ihren Gemeinschaften einzusetzen.

Im Mittelpunkt dieses Programms steht ein Netzwerk junger Aktivisten, die für das Thema Bildung sensibilisiert, geschult und befähigt sind (*Promotores* und *Promotoras* auf Spanisch). Dabei handelt es sich um junge Menschen, in der Regel im Alter von 12 bis 18 Jahren, die durch die Teilnahme an den Aktivitäten von Collective ofNew Men befähigt werden, in ihren Gemeinden eine Führungsrolle mit unterschiedlichem Engagement zu übernehmen und mit Gruppen jüngerer Kinder an einer Reihe informeller Bildungsaktivitäten zu arbeiten. Dazu gehören derzeit Jugend-Straßentheater, Camping und Videoforen.

Stichworte: Führung, Partizipation, Methodik von Kind zu Kind, junge Menschen, Gender, Lebensqualität, Prävention, Gewalt.

Vorwort

Die Bedeutung der Auseinandersetzung mit dem Problem der Jugend in Gefahr ergibt sich aus der Höhe der Gewalt registriert das Land, vor allem in dieser Region, der vorliegende Vorschlag schlägt die Arbeit mit Kindern und Jugendlichen der Region Laguna und Männer, die ein Programm der Aufmerksamkeit auf die häusliche Gewalt mit dem Ziel, dass sie übernehmen und erreichen eine Rolle Protagonist in der Entwicklung ihrer Gemeinden.
Dieses Panorama fördert glücklicherweise auch die Notwendigkeit, Allianzen zu suchen und internationale Beziehungen zu knüpfen, die es ermöglichen, zu lernen und Werkzeuge für eine Stärkung des Kollektivs der Neuen Männer von La Laguna und seiner Mitglieder zu erhalten.
Im Jahr 2009 werden Möglichkeiten der gemeinsamen Arbeit aufgezeigt, um Alternativen anzubieten, die dazu beitragen, das Recht der Bürger auf ein Leben mit Qualität und frei von Gewalt zu bewahren.

Die Arbeit im Rahmen der Interventionsprogramme mit Männern und die Erfahrungen mit den Jugendlichen in der Region wurden durch neue und vielfältige Arbeitserfahrungen außerhalb des Landes verstärkt, z. B. in Nicaragua, in Mittelamerika, in Bezug auf HIV, Aids, Menschenrechte und sexuelle Vielfalt, mit verschiedenen Bevölkerungsgruppen, der Polizei, dem Militär, Glaubensgruppen, Afroamerikanern usw.

Der Vorschlag *"Stärkung der Führungsrolle von Jugendlichen bei der Gewaltprävention, Gender als Mittel zur Verbesserung der Lebensqualität in Coahuila und Durango, einer Region im Norden Mexikos"* stellt eine Zusammenstellung von Erfahrungen mit Mädchen, Jungen und jungen Menschen bei der Stärkung ihrer Führungsrolle und dem Aufbau von Bürgerrechten durch die Förderung der *Beteiligung* und der Ausübung ihrer *Rechte* dar, wobei Gender- und *Männlichkeitsgerechtigkeit* als Querschnittsthemen behandelt werden.

Diese Arbeit ist inspiriert von der Erfahrung des Autors als Spezialist für Männlichkeiten in zwei Forschungsprojekten in Nicaragua, Mittelamerika, die von 2009 bis 2013 durchgeführt wurden.

Danksagungen

Die Kontexte, Szenarien und Zeiten, in die ich glücklicherweise involviert war, waren vielfältig und unterschiedlich, so wie auch die Gruppen von Menschen, die diese Erfahrungen seit mehr als anderthalb Jahrzehnten gemacht haben, unterschiedlich waren.

Einer dieser historischen Momente, die mein persönliches, familiäres, soziales und berufliches Leben geprägt haben, ist die Zeit von 2006 bis 2013, die von sozialer, wirtschaftlicher und politischer Instabilität in Mexiko, meinem Land, aber auch in der Region und der Stadt geprägt war, wo Gewalt und Kriminalität die Konstante in dieser Zeit waren, und in diesem Szenario haben mir einige Frauen und Mädchen, einige Männer, Jugendliche und Kinder geholfen, meine Arbeit in kritischen Momenten zu entwickeln.

Zu diesen Menschen gehören meine Frau Elvia Garcia, meine Tochter Elvia Paola, meine Kinder Esli und Ricardo, die meine häufige und lange Abwesenheit ertragen mussten, aber immer meine Träume teilten.

Gloria Yolanda Medina, Maria Elena Calderon, Luz Elena Martinez, Elida Bautista, Rosario (Charito) Aldaba, Evangelina Velazquez, Sandra Flores, Patricia Ruvalcaba, Rosario Varela, Marina Arvizu, Martha Roman, Maria de la Paz Idunate, alle Freundinnen und Kolleginnen vonFlüchtlingen und Reflexionsgruppen für Frauen und ihre Kinder, die unter extremer Gewalt leiden und ihr Leben gefährden und sich um gefährdete Jugendliche kümmern.

Jesus Borrego, Sergio Armando Garza, Gabriel Pena, Francisco Blanco, Luis Dominguez, von der Gruppe der Männlichkeiten des Kollektivs der Neuen Männer von La Laguna, die von dem Moment an an das Projekt geglaubt haben, als sie auf der Suche nach Unterstützung waren, um ihr eigenes Gewaltverhalten zu behandeln, und die sich für eine Veränderung über die Betreuungsprogramme hinaus eingesetzt haben.

Eduardo Liendro, Francisco Cervantes, Roberto Garda, vom Colectivo de Hombres por Relaciones Igualitarias (CORIAC), Mexiko, und Antonio Ramirez, vom Center to Eradicate Masculine Intrafamily Violence, San Francisco, Kalifornien, U.S.A. Larry J. Madrigal, Walberto Tejeda, Rutilio Delgado, von Equinoccio, Escuela

Metodologica en Masculinidades, El Salvador, Centro America.
Maria Hamlin, Ana Quiroz, Rosa Maria Tijerino, Felix Alberto Salinas, Carmen
Bone, Ileana Zacarias, Darling Gonzalez, Jose Moraga, Mitglieder des Management-
und Technikteams des Centro de Informacion y Servicios de Asesoria en Salud
(CISAS) in Nicaragua, Zentralamerika.

Patricio Cranshow von Progressio in London und Douglas Mendoza vom Masculinity
Network of Nicaragua, John Bayron von der Masculinity Group in Kolumbien und
Harish Sadani von Men Against Violence & Abuse - MAVA in Neu-Delhi, Indien.

Ihm verdanke ich meine erste Ausbildung und er gab mir die Möglichkeit, meine
eigene Gewalt zu erkennen und seine Methoden mit anderen Männern zu teilen.
In besonderer Weise, alle Mädchen, Jungen und Jugendliche und ihre Familien, die
begeistert in den Projekten, die diese Erfahrungen einschließlich der Männer, die die
Programme der Aufmerksamkeit der Gewalt in unserem kollektiven besuchen
integriert teilgenommen.

Ich danke Ihnen allen von ganzem Herzen für Ihr Vertrauen, Ihr Wissen, Ihre Liebe
und Ihre Unterstützung in diesem Streben nach einem besseren, gerechteren und
gesünderen Leben, insbesondere für die Mädchen und Frauen in unserem Leben.

Definitionen

(Dieses Glossar soll als Leitfaden für die Lektüre des Berichts dienen. Bitte beachten Sie jedoch, dass die vorgestellten
Definitionen dynamisch sind und sich ändern können).

Agentur

Die Fähigkeit, sinnvolle Entscheidungen zu treffen und nach ihnen zu handeln.

Child Friendly Spaces - Ein sicherer Ort für Kinder, an dem sie außerhalb ihres Zuhauses mit Gleichaltrigen
interagieren und direkte psychosoziale Unterstützung erhalten können.

Zivilgesellschaft - Bürger oder Gruppen, die sich außerhalb der formellen staatlichen Institutionen engagieren. Dabei
kann es sich um Nichtregierungsorganisationen (NRO), Organisationen des lokalen und kommunalen Lebens,
Gewerkschaftsorganisationen und Wirtschaftsverbände handeln.

Zustand und Stellung - Der Zustand bezieht sich auf unseren materiellen Zustand und unser tägliches Leben. Dazu
gehört in der Regel der Zugang zu grundlegenden Ressourcen wie Unterkunft, Nahrung und Schutz. Die Stellung
bezieht sich auf unseren sozialen Status und den Wert, den die Gesellschaft uns beimisst. Dazu gehört unsere Fähigkeit,
Ressourcen zu kontrollieren und Entscheidungen zu treffen, die unser Leben beeinflussen.

Entscheidungsfindung - Die Fähigkeit einer Person, sich an Entscheidungen zu beteiligen, die ihr Leben betreffen.

Empowerment - Macht ist die Fähigkeit, das eigene Leben und die eigene Umgebung zu gestalten. Der Mangel an
Macht ist eines der Haupthindernisse, die Mädchen und Frauen daran hindern, ihre Rechte zu verwirklichen und dem
Kreislauf der Armut zu entkommen. Dies kann durch eine Strategie des Empowerment überwunden werden. Das
geschlechtsspezifische Empowerment umfasst den Aufbau von (sozialen, wirtschaftlichen, politischen und
persönlichen) Ressourcen der Mädchen, die Stärkung ihrer Fähigkeit, Entscheidungen über ihre Zukunft zu treffen,
sowie die Entwicklung des Selbstwertgefühls der Mädchen und ihres Glaubens an ihre Fähigkeit, ihr Leben selbst zu
bestimmen.

Ausgrenzung - Definiert als der Prozess, durch den Einzelpersonen oder Gruppen teilweise oder vollständig von den
Rechten, Möglichkeiten und Ressourcen ausgeschlossen werden, die anderen in der Gesellschaft, in der sie leben, zur
Verfügung stehen. Der Begriff Ausgrenzung wird als Oberbegriff verwendet, der die verwandten Begriffe
Marginalisierung, Gefahr der Ausgrenzung, Diskriminierung, Ungleichheit und andere umfasst.

Ausgrenzung und Diskriminierung - Diskriminierung ist die ungerechte oder vorurteilsbehaftete Behandlung von

Menschen auf Grund ihrer Identität. Die Identität der Menschen wird durch ihr soziales Umfeld, die vielen Facetten der Ausgrenzung und die Verletzlichkeit, die sie erfahren, geprägt.

Ausgrenzung und Verletzlichkeit - Ausgrenzung kann die Verletzlichkeit einer Person erhöhen, indem sie ihre Fähigkeit verringert, Schocks und Widrigkeiten zu überwinden. Verwundbarkeit wiederum kann Ausgrenzung hervorrufen und verstärken. Beides schmälert die Lebenschancen und kann zu Armut führen.

Geschlecht - Das Konzept des Geschlechts bezieht sich auf die Normen, Erwartungen und Überzeugungen über die Rollen, Beziehungen und Werte, die Mädchen und Jungen, Frauen und Männern zugeschrieben werden. Diese Normen sind gesellschaftlich konstruiert, sie sind weder unveränderlich noch biologisch bedingt. Sie verändern sich mit der Zeit. Sie werden in der Familie und im Freundeskreis, in Schulen und Gemeinden, in den Medien, von der Regierung und von religiösen Organisationen vermittelt.

Geschlechtergerechtigkeit - Geschlechtergerechtigkeit bedeutet, dass man Frauen und Männern, Mädchen und Jungen gegenüber fair ist: Um Fairness zu gewährleisten, werden Maßnahmen ergriffen, um soziale oder historische Diskriminierungen und Benachteiligungen von Mädchen gegenüber Jungen zu beseitigen. Ein geschlechtergerechter Ansatz gewährleistet durch gezielte Maßnahmen den gleichberechtigten Zugang zu und die Kontrolle über die Ressourcen und Vorteile der Entwicklung. Stipendien für Mädchen sind ein Beispiel für einen Gleichstellungsansatz, der dazu beiträgt, dass alle Kinder, Jungen und Mädchen, Zugang zur Schule haben und gleichermaßen von den Bildungsmöglichkeiten profitieren. Mehr Geschlechtergerechtigkeit ist nur ein Teil einer Strategie, die zur Gleichstellung der Geschlechter beiträgt.

Gleichstellung der Geschlechter - Gleichstellung der Geschlechter bedeutet, dass Frauen und Männer, Mädchen und Jungen den gleichen Status in der Gesellschaft haben, dass sie den gleichen Anspruch auf alle Menschenrechte haben, dass sie den gleichen Grad an Respekt in der Gemeinschaft genießen, dass sie die gleichen Möglichkeiten haben, Entscheidungen über ihr Leben zu treffen, und dass sie den gleichen Grad an Macht haben, um die Ergebnisse dieser Entscheidungen zu beeinflussen. Geschlechtergleichstellung bedeutet nicht, dass Frauen und Männer oder Mädchen und Jungen gleich sind. Frauen und Männer, Mädchen und Jungen haben unterschiedliche, aber verwandte Bedürfnisse und Prioritäten, sind unterschiedlichen Zwängen ausgesetzt und haben unterschiedliche Möglichkeiten.

Geschlechtergerechtigkeit - Das Konzept der Geschlechtergerechtigkeit unterstreicht die Rolle der Pflichtenträger für die Rechte von Mädchen und Jungen. Geschlechtergerechtigkeit ist die Beendigung der Ungleichheiten zwischen Frauen und Männern, die dazu führen, dass Frauen und Mädchen den Männern und Jungen untergeordnet sind. Das bedeutet, dass Mädchen und Jungen, Männer und Frauen den gleichen Zugang zu und die gleiche Kontrolle über Ressourcen haben, dass sie die Möglichkeit haben, Entscheidungen in ihrem Leben zu treffen, und dass sie bei Bedarf Zugang zu Maßnahmen haben, um Ungleichheiten zu beseitigen. Ein Engagement für Geschlechtergerechtigkeit bedeutet, gegen geschlechtsspezifische Diskriminierung, Ausgrenzung und geschlechtsbezogene Gewalt Stellung zu beziehen. Im Mittelpunkt steht die Verantwortung, die Verantwortlichen für die Achtung, den Schutz und die Erfüllung der Menschenrechte, insbesondere von Mädchen und Frauen, zur Rechenschaft zu ziehen.

Geschlechterdiskriminierung - Geschlechterdiskriminierung beschreibt die Situation, in der Menschen unterschiedlich behandelt werden, nur weil sie männlich oder weiblich sind, und nicht auf der Grundlage ihrer individuellen Fähigkeiten oder Fertigkeiten. Soziale Ausgrenzung, mangelnde Teilhabe an Entscheidungsprozessen und eingeschränkter Zugang zu und Kontrolle über Dienstleistungen und Ressourcen sind zum Beispiel häufige Folgen von Diskriminierung. Wenn diese Diskriminierung Teil der sozialen Ordnung ist, wird sie als systemische Geschlechterdiskriminierung bezeichnet. In einigen Gemeinschaften entscheiden sich Familien beispielsweise routinemäßig dafür, ihren Söhnen eine höhere Ausbildung zu ermöglichen, während sie ihre Töchter zu Hause behalten, um bei der Hausarbeit zu helfen. Die systemische Diskriminierung hat soziale und politische Wurzeln und muss auf vielen verschiedenen Ebenen der Programmplanung angegangen werden.

Geschlechterstereotypen - Geschlechterstereotypen sind sozial konstruierte und unhinterfragte Überzeugungen über die unterschiedlichen Eigenschaften, Rollen und Beziehungen von Frauen und Männern, die als wahr und unveränderlich angesehen werden. Geschlechterstereotypen werden durch Prozesse wie die Bildung und Erziehung von Mädchen und Jungen sowie durch den Einfluss der Medien reproduziert und verstärkt. In vielen Gesellschaften wird Mädchen beigebracht, ansprechbar, emotional, unterwürfig und unentschlossen zu sein, während Jungen lernen, durchsetzungsfähig, furchtlos und unabhängig zu sein.

Geschlechtsspezifische Gewalt - Geschlechtsspezifische Gewalt bezieht sich auf körperliche, sexuelle, psychologische und wirtschaftliche Gewalt, die einer Person aufgrund ihres Geschlechts zugefügt wird. männlich oder weiblich. Mädchen und Frauen sind am häufigsten von geschlechtsspezifischer Gewalt betroffen, aber auch Jungen und Männer, insbesondere diejenigen, die nicht den vorherrschenden männlichen Stereotypen in Bezug auf Verhalten oder Aussehen entsprechen. Bei geschlechtsspezifischer Gewalt kann es sich um kriminelle Handlungen handeln, die von Einzelpersonen begangen werden, oder um gesellschaftlich sanktionierte Gewalt, die sogar von staatlichen Behörden ausgeübt werden kann. Dazu gehören Menschenrechtsverletzungen wie häusliche Gewalt, Mädchen- und Jungenhandel, Beschneidung von Frauen oder Gewalt gegen Männer, die Sex mit Männern haben.

Inklusion - Ein Gefühl der Zugehörigkeit, das Gefühl, in einem Bereich willkommen zu sein, ohne sich bedroht oder unwohl zu fühlen.

Partizipation - Die Beteiligung von Kindern und Jugendlichen an individuellen Entscheidungen über ihr eigenes Leben sowie die kollektive Beteiligung an Angelegenheiten, die sie betreffen.

Öffentlicher Raum - Räume, die der Öffentlichkeit zur Verfügung stehen. Dazu gehören Straßen, Erholungsgebiete, Parks, Gemeinschaftsplätze usw.

Maskulinitäten - Verdeutlicht, dass es viele sozial konstruierte Definitionen für das Mannsein gibt und dass sich diese im Laufe der Zeit und von Ort zu Ort ändern können. Der Begriff bezieht sich auf wahrgenommene Vorstellungen und Ideale darüber, wie sich Männer in einem bestimmten Umfeld verhalten sollten oder sollen.

Sicherheit - Freiheit vom Auftreten oder Risiko von Verletzungen, Gefahren oder Verlusten.

Soziales Umfeld - Nutzung des Raums durch die Gemeinschaft, gemeinsame soziale Praktiken in dem Gebiet, verschiedene Gruppen von Menschen, die den Raum nutzen.

Soziale Normen - Informelle Regeln, die Aufteilung der Geschlechterrollen und die Überzeugungen, Einstellungen und Verhaltensweisen, die das Verhalten in der Gesellschaft regeln, die vorschreiben, welches Verhalten unter bestimmten Umständen erwartet wird und was nicht erlaubt ist, beeinflussen die Vorstellungen darüber, was zum Beispiel vom Verhalten von Mädchen erwartet wird.

Soziale Gruppen - Zwei oder mehr Menschen, die miteinander interagieren, ähnliche Eigenschaften teilen und ein Gefühl der Zusammengehörigkeit haben. Soziale Gruppen können in verschiedenen Formen und Größen auftreten; Einzelpersonen können mehreren sozialen Gruppen gleichzeitig angehören. Die Zugehörigkeit zu bestimmten sozialen Gruppen bestimmt häufig das Ausmaß an Ausgrenzung und Ungleichheit, das der Einzelne erfährt.

Jugendliche - Ein Mädchen oder ein Junge in der Übergangsphase zwischen Kindheit und gesetzlich definiertem Erwachsenenalter (12 bis 18 Jahre).
Die rechtliche Definition des Begriffs "Erwachsener" variiert von Land zu Land, liegt aber in der Regel zwischen 17 und 21 Jahren. Für die Zwecke dieses Berichts bezieht sich der Begriff "jugendliche Mädchen und Jungen" auf die Altersgruppe der 12- bis 18-Jährigen, die in dieser Forschungsstichprobe enthalten sind.

Gewalt - Die Weltgesundheitsorganisation (WHO) definiert Gewalt als: "Die absichtliche, angedrohte oder tatsächliche Anwendung von körperlicher Gewalt oder Macht gegen sich selbst, eine andere Person oder gegen eine Gruppe oder Gemeinschaft, die entweder zu Verletzungen, Tod, psychischen Schäden, Fehlentwicklungen oder Entbehrungen führt oder mit hoher Wahrscheinlichkeit dazu führen wird".

Gewalt gegen Frauen und Mädchen - Jede geschlechtsspezifische Gewalttat, die Frauen körperlichen, sexuellen oder psychischen Schaden oder Leid zufügt oder zufügen kann, einschließlich der Androhung solcher Handlungen, Nötigung oder willkürlicher Freiheitsberaubung, unabhängig davon, ob sie im öffentlichen oder privaten Bereich stattfindet.

Einführung

Geschlechtsspezifische Diskriminierung und geschlechtsspezifische Stereotypen sind Menschenrechtsverletzungen und tragen zu Armutszyklen bei, die Gemeinschaften über viele Generationen hinweg beeinträchtigen können. Mädchen, die nicht zur Schule gehen dürfen oder bereits im Kindesalter verheiratet werden, stehen vor besonderen Herausforderungen, die sie benachteiligen, so dass sie in Zukunft nicht

in der Lage sind, die Rechte ihrer eigenen Töchter und Söhne wirksam zu fördern. Geschlechterstereotypen, die dominante männliche Eigenschaften fördern, beeinträchtigen auch die Fähigkeit von Jungen, gesunde Beziehungen zu Mädchen aufzubauen, und schränken ihre Fähigkeit ein, zu fürsorglichen Partnern und Vätern heranzuwachsen. Jungen, die beispielsweise dazu erzogen werden, aggressiv zu sein und sich Frauen gegenüber überlegen zu fühlen, laufen Gefahr, gewalttätig und missbräuchlich zu werden. In unserem Land und insbesondere in der Region La Laguna im Norden Mexikos wird dieser Zustand von Mädchen, Jungen und Jugendlichen vor allem durch die Auswirkungen des Drogenhandels und der Kriminalität beeinträchtigt.

Die Collective ofNew Men ofLaguna ist eine Organisation der Zivilgesellschaft Non-Profit mit Sitz in der Stadt Torron, Coahuila vor siebzehn Jahren, hat die rechtlichen Unterlagen, die es ermöglichen, zu funktionieren, die Arbeit mit Männern, die Gewalt gegen ihre Partnerinnen ausüben und beschließen, es zu stoppen.

Das Kollektiv der Neuen Männer von La Laguna zielt auch darauf ab, technische Hilfe zu leisten, um die Kapazitäten der jungen Frauen und Männer in den Bereichen Interessenvertretung und Kommunikation zu stärken, um Sensibilisierungskampagnen gegen Stigmatisierung, Diskriminierung und Gewalt durchzuführen; die Fähigkeiten der jungen Menschen selbst zu nutzen, um die von ihnen identifizierten Probleme zu bewältigen und Interessenvertretung zu betreiben, um sie auf die soziale und öffentliche Agenda zu setzen; das Bewusstsein der Bürger zu schärfen, um ein Klima der Toleranz, des Friedens und einer besseren Lebensqualität zu fördern.

Wir wissen, dass die Rolle der Jugend notwendig ist, um Entwicklung zu erreichen und soziale Gerechtigkeit zu fördern. Eine Gesellschaft, in der junge Frauen und Männer ihre Rechte kennen, bessere Lebensbedingungen haben und an der Entscheidungsfindung beteiligt sind, hat größere Chancen, ihre Ziele zu erreichen.

Ziel dieses Dokuments ist es, die Situation gefährdeter Jugendlicher in der Region Laguna (Coahuila-Durango) aufzuzeigen und Alternativen zur Lösung dieses Problems vorzuschlagen.

Die Bedeutung des Problems der gefährdeten Jugendlichen ist auf das Ausmaß der

Gewalt in diesem Land, insbesondere in dieser Region, zurückzuführen und darauf, dass "... ein Großteil des Humankapitals, das das Bildungssystem täglich schafft, zerstört wird..." (Londono, Gaviria und Guerrero, 2000).

Dies ergibt sich auch aus der Tatsache, dass die Region bis 2020 die größte Anzahl junger Menschen in ihrer Geschichte haben wird und dass der soziale Zusammenhalt der lateinamerikanischen Gesellschaften von der Fähigkeit abhängt, die Jugend als zentralen sozialen Akteur und nicht als Randgruppe zu integrieren (Brisen-Leon 2002).

Dieser Vorschlag zielt darauf ab, mit Kindern und Jugendlichen aus der Region La Laguna und Männern zu arbeiten, die an einem Programm teilnehmen, das sich mit ihrer Gewalt befasst, um die Prävention geschlechtsspezifischer Gewalt zu erreichen, die Lebensqualität zu fördern und eine führende Rolle bei der Entwicklung ihrer Gemeinden zu übernehmen. Untersucht die Art und Weise, wie die Beteiligung von Kindern in Konfliktsituationen und bei der Friedensschaffung nach Konflikten eine Bedeutung erhält. Insbesondere wird untersucht, wie von Kindern geleitete Aktivitäten und die Stärkung der Fähigkeiten von Mädchen und Jungen die Rolle der Kinder als Friedensakteure verbessern können.

Bereiche, in denen junge Menschen als Akteure des Wandels und der Entwicklung in Mexiko und speziell in der Region La Laguna eine Chance haben, haben notwendigerweise mit der Schulung und Ausbildung junger Menschen in der Identifizierung und Veränderung von Risikofaktoren und Schutzmaßnahmen zu tun, die für die Prävention von Gewalt in den Städten erforderlich sind, mit denen die Menschen heute konfrontiert sind, einschließlich der jungen Menschen.

Kinderrechte sind zu einem Synonym für Partizipation geworden, als nachhaltiges Recht für alle Kinder in allen Lebensbereichen. Um dieses Ziel zu erreichen, müssen wir auf das Übereinkommen über die Rechte des Kindes zurückgreifen und die darin verankerten Rechte und die spezifischen Verpflichtungen, die es den Regierungen auferlegt, sorgfältig analysieren. In Übereinstimmung mit Artikel 12 des Übereinkommens der Vereinten Nationen über die Rechte des Kindes (UNCRC) von 1990.

Kinder aller Altersgruppen und Fähigkeiten, auch die am stärksten ausgegrenzten, sollten in allen sie betreffenden Angelegenheiten ein Mitspracherecht haben. Sie sollten informiert und freiwillig sein. (Programa de Proteccion y Garantia de Derechos Humanos de Ninos y Adolescentes y Sistema Estatal de Garantia -2017) (Derechos Humanos Ninos y Adolescentes en Coahuila, 2014-2017) (Ley de los Derechos de las Ninas, Ninos y Adolescentes del Estado de Durango -2015), Programa para la Igualdad y No Discriminacion. Coahuila de Zaragoza 2014 2017 Dies sind einige der rechtlichen Rahmenbedingungen, die für dieses Dokument berücksichtigt wurden.

Koproduktion eines Zustands der öffentlichen Sicherheit, d.h. eines Prozesses, der es allen staatlichen und kommunalen Behörden sowie Institutionen der Zivilgesellschaft, der Privatwirtschaft und den Einwohnern ermöglicht, sich verantwortungsbewusst am Aufbau einer sichereren, effizienteren und koordinierten Stadt zu beteiligen, die mit Sicherheitsproblemen wie Banden, Gewalt in Schulen, stigmatisierten Stadtvierteln oder gefährdeten Jugendlichen konfrontiert ist, usw. (Carrion 2008, Falu 2009)

Die Koproduktion basiert auf der Tatsache, dass die Sicherheit in der Verantwortung aller liegt und nicht nur im System der Strafjustiz. Diese Annahme ergibt sich aus den vielfältigen Ursachen von Kriminalität und antisozialem Verhalten und der Notwendigkeit einer sektorübergreifenden, koordinierten und integrierten Reaktion (Moser, 2004)

Die Rolle der Jugendlichen in dieser Initiative ist nicht die eines bloßen Empfängers, sondern die eines Akteurs, Organisators, Künstlers, Förderers und Multiplikators, d.h. der Jugend als einer Altersgruppe, die die Entwicklung der Gemeinschaft wirklich beeinflusst. Sie leisten Arbeit in ihren Gemeinden und führen Verhandlungen mit anderen Institutionen und Organisationen. Die Rolle der Gruppe der Neuen Männer und ihres lokalen Gegenstücks, der Lebendigen Frauen, einem Kollektiv von Frauen, besteht darin, die verschiedenen jugendpolitischen Maßnahmen im Rahmen eines Bildungsprozesses zu koordinieren, zu überwachen und die Verantwortung zu teilen.

Der Vorschlag sieht fünf Arbeitslinien vor:

- Literaturübersicht über Forschung und Politik in Bezug auf Kinder und Jugendliche die Beteiligung der Menschen.

• Die Fähigkeiten, das Wissen und die Erfahrung des Kollektivs der Neuen Männer von La Laguna und der Gruppe der Männlichkeiten, die zur strategischen Entwicklung der Partizipation innerhalb der Organisation beigetragen und eine Reihe von Ressourcen geschaffen haben, um die Beteiligung von Kindern und Jugendlichen zu erleichtern.

• Die Ansichten von Männern und Managern, die in New Men und anderen zivilen Organisationen tätig sind.

• Die Ansichten von Söhnen und Töchtern von Männern, die an Reflexionsgruppen im Kollektiv der Neuen Männer teilnehmen, die Erfahrungen mit häuslicher Gewalt oder/und kriminellen Aktivitäten gemacht haben.

- Fallstudien, die die Entwicklung der Partizipation von Jugendlichen aufzeigen in Organisationen der Sozialfürsorge als Vorläufer, unter Berücksichtigung von zwei Projekten in Nordmexiko und zwei Projekten in Nicaragua, Centro America

Dieses Projekt richtet sich an die folgenden Zielgruppen:
3 Organisationen der Zivilgesellschaft aus jeder der vier Städte Torreon und Matamoros in Coahuila sowie Gomez Palacio und Lerdo in Durango, Menschenrechtsverteidiger, Anbieter von Jugenddiensten und Reaktion auf Gewalt.

200 Universitätsstudenten und 200 junge Menschen aus Slums in ausgewählten Polygonen, die am stärksten von Gewalt und Kriminalität betroffen und gefährdet sind. Sie werden durch eine Kommunikations- und Advocacy-Kampagne sensibilisiert, um Gewalt zu verhindern und Diskriminierung aufgrund von Alter, Geschlecht, sozialem Status usw. abzubauen.

50 junge Frauen und Männer im Alter zwischen 12 und 18 Jahren wurden direkt durch das Projekt geschult. Unmittelbar Begünstigte waren die (Zielgruppen-)Aktion.

Die direkten Nutznießer dieses Projekts haben gegenüber den lokalen Behörden und der Gemeinschaft öffentlich ihre Ängste zum Ausdruck gebracht. Sie sind zutiefst besorgt über die festgestellte hohe Gefährdung und den fehlenden Schutz, der auf fehlende institutionelle Kapazitäten und Mängel im Rechtssystem zurückzuführen ist, um auf die Bedürfnisse der jungen Menschen zu reagieren, sowie über die Angst und das Gefühl der Unsicherheit aufgrund von Gewalt und Kriminalität.

Entfremdung und soziale Desorganisation sind Faktoren, die bei der Erklärung der städtischen Gewalt in den Städten zu berücksichtigen sind, dem Raum, in dem wirtschaftliche, politische und soziale Gewalt zusammenlaufen (Vilalta 2010; Vilalta 2012). Die Region La Laguna in den Bundesstaaten Coahuila und Durango weist diese Merkmale auf.

Die Abschnitte dieses Buches befassen sich mit der Problematik der städtischen Gewalt in der Region: 1) *Das Problem, der Kontext, der Arbeitsvorschlag, der theoretische Rahmen und die verwendete Methodik. 2) Arbeitsmodelle mit Mädchen, Jungen, Jugendlichen und Männern. 3) Der Prozess, die Ergebnisse und die Schlussfolgerungen der Erfahrung.*

KAPITEL 1

Das Problem, der Kontext, der Arbeitsvorschlag, der theoretische Rahmen und die angewandte Methodik.

1.1 Hintergrund

Im Jahr 1998 wurde das Kollektiv der Neuen Männer als Ergebnis der Bemühungen und Überlegungen verschiedener Männer gegründet, die auch von vielen Frauen unterstützt und ermutigt wurden, um in der Region Laguna in Coahuila und Durango im Norden Mexikos eine alternative Bewegung zu bilden, die mit den neuen Veränderungen, die die Frauen vornehmen, übereinstimmt und für die schwerwiegenden Probleme der häuslichen Gewalt, des sexuellen und geschlechtsspezifischen Machtmissbrauchs, der hauptsächlich von Männern gegenüber Frauen begangen wird, sensibel ist.

Bildungs- und Reflexionsgruppen für Männer wurden mit einer Gender-Perspektive gestaltet und beinhalten die Entwicklung von Methoden zur Selbstkritik proaktiver Formen des Machtmissbrauchs durch Kontrolle und Herrschaft, die Männer historisch gesehen in ihren Beziehungen zu praktizieren pflegen. Solche Gruppen sollten dann eine Alltagskultur des Respekts, der Intimität und des geistigen Gleichgewichts fördern und die Demokratie im intimen und sozialen Leben von Männern und Frauen unterstützen (Garcia 2007).

Anfang 2004 wurde der erste Vaterschafts-Workshop "Vatersein nach der Gewalt" (*"Paternar despues de la Violencia"* auf Spanisch) für Männer ins Leben gerufen, die Gewalt gegen ihre Partnerinnen ausüben und nach einer gewissen Veränderung ihres gewalttätigen Verhaltens nach und nach ihre Kinder aufnehmen.

1.2 Problem

Die Arbeit mit Kindern und Jugendlichen ist Teil von fünfzehn Jahren Erfahrung, in der Arbeit mit Männern, die Gewalt anwenden, die Konzepte der *"jungen"* und *"Entwicklung"* sind implizit in ihren eigenen Lebensgeschichten von Männern die Teilnahme an Reflexionsgruppen über Gewalt und Männlichkeit, als Teil ihrer Identität und Geschlechterrollen, sondern auch relational durch ihre Beziehungen der Vaterschaft, wenn sie über ihre Kinder Reden sprechen. Seit 2006, die geographischen, politischen und wirtschaftlichen Bedingungen, erheblich beeinträchtigt die Region, was zu Gewalt als aufstrebende städtische Gewalt und Kriminalität mit der Installation von einem Zustand der Hilflosigkeit, Angst, Unsicherheit und Misstrauen der Bevölkerung organisiert.

2007 wurden die Menschenrechte, insbesondere die der Frauen, verletzt, Frauenhäuser wegen extremer Gewalt geschlossen und die für Frauen gekennzeichneten Mittel entfernt und missbraucht.

1.3 Kontext

Die Agenda 2030 für nachhaltige Entwicklung (2015) hat "friedliche, gerechte und inklusive Gesellschaften" zu einer globalen Priorität gemacht, indem sie Frieden als Querschnittsthema und als eigenständiges Ziel aufgenommen hat. Die Aufnahme von Ziel 16 bietet die Möglichkeit, Hindernisse für den Frieden wie Gewalt, mangelnder Zugang zur Justiz, illegale Finanz- und Waffenströme und politische Ausgrenzung anzugehen.

Auf globaler Ebene haben Diskussionen darüber begonnen, wie Geber, multilaterale Organisationen, Mitgliedstaaten und Nichtregierungsorganisationen (NRO) durch ihre Politik und Programmplanung zu Fortschritten bei der Verwirklichung des Ziels 16 beitragen können. Es wird zwar anerkannt, dass alle Bemühungen zur Erreichung des Ziels 16 aus einer Gender-Perspektive heraus erfolgen müssen, doch bleibt die Frage, in welcher Form dies geschehen soll, weitgehend unerforscht. Während des Konflikts wurden viele Kinder aufgrund von Vertreibung, Armut oder dem Tod ihrer Bezugspersonen von ihren Eltern getrennt. Unbegleitete und von ihren Eltern getrennte Kinder sind einem hohen Risiko von Missbrauch, Ausbeutung und sexueller Gewalt ausgesetzt, wenn sie keine elterliche Fürsorge haben. Seit 2013 wurden viele Mädchen und Jungen entführt oder von bewaffneten Gruppen zwangsrekrutiert, als Kämpfer, Spione, Köche oder Sexsklaven.
Unicef schätzt, dass bis zu 10.000 Kinder mit bewaffneten Gruppen in Verbindung gebracht wurden. Viele Kinder haben miterlebt, wie ihre Häuser und Schulen zerstört wurden und wie ihre Freunde und Eltern von bewaffneten Gruppen angegriffen wurden.

2007, Collective of New Men hatte neue strukturelle und systemische Veränderungen in dem Land, städtische Gewalt, Kriminalität und Aktivitäten im Zusammenhang mit Drogenhandel System konfrontiert, diese Situation wirkt sich auf die individuellen Prozesse der Männer, die Teilnahme an Programmen in unserer Region, spiegelt sich in Desertion, Gewalt in der Familie, Unruhen, Unsicherheit, Arbeitslosigkeit, Angst, Misstrauen, usw.(Seidler 2007).
Insbesondere die häusliche Gewalt und die Gewalt gegen Frauen sind unsichtbar, während in der Medienkommunikation andere Formen der Gewalt im Zusammenhang mit dem organisierten Verbrechen und dem Drogenhandel stärker betont werden.

Aufgrund ihrer geografischen Lage ist die Region La Laguna der Zwangsdurchgang zu den Grenzstädten in den Bundesstaaten Chihuahua und Coahuila an der Grenze zu den Vereinigten Staaten von Amerika und daher einer der strategischsten Punkte für den Drogenhandel und -verkauf. Aus diesem Grund ist der Kampf um das Gebiet in den Jahren 2009-2013 gewalttätig geworden.

Karte der Region La Laguna in Mexiko

La Laguna, wie diese wohlhabende Region gemeinhin genannt wird, besteht aus sechs Gemeinden des Bundesstaates Durango und fünf des Bundesstaates Coahuila, wobei sich die Bevölkerung hauptsächlich auf die angrenzenden Städte konzentriert. Die Metropolregion La Laguna oder Torreon ist die Metropolregion, die aus dem Zusammenschluss der Städte Torreon und Matamoros im Bundesstaat Coahuila sowie der Städte Gomez Palacio und Lerdo im Bundesstaat Durango hervorgegangen ist.
Nach den Ergebnissen der vom INEGI im Jahr 2010 durchgeführten Volkszählung (Censo de Poblacion y Vivienda (2010). Dieses Gebiet hatte eine Bevölkerung von etwa 1.215.817 Einwohnern auf einer Fläche von 5.078,9 km^2 .

Diese Region hat eine industrielle Berufung in der metallmechanischen und verarbeitenden Industrie, es gibt große Geschäftsketten, die sich verschiedenen Artikeln widmen, die ihren Ursprung in La Laguna haben, und die Bereitstellung von öffentlichen und privaten Dienstleistungen.

Die Bürger dieses Teils des Landes leben in Angst vor dem Streit um das Gebiet zwischen den beiden Hauptkartellen, den Zetas und dem Sinaloa-Kartell. Der Lebensstil hat sich in dieser Region verändert.
Einige Betreuungseinrichtungen für Frauen, die Gewalt durch ihre Partner erfahren, darunter zwei Frauenhäuser für Frauen und ihre Kinder, die unter extremer Gewalt leiden, wurden geschlossen; eines davon wurde vom Militär besetzt, mit der Begründung, dass man sich um die Zunahme der Gewalt in der Region kümmern müsse und dass die Aktivitäten im Zusammenhang mit dem organisierten Verbrechen zunehmen.
Angst, Furcht und ein Gefühl der Unsicherheit wurden allmählich in den Männern, die an dem Programm teilnehmen, sowie in der Bevölkerung im Allgemeinen installiert.

Was die Problematik des Drogenhandels betrifft, so hat unsere Gruppe der Neuen Männer bereits in den Jahren 2004 und 2005 zwei Jahre lang in einem Zentrum für

14

soziale Wiedereingliederung mit Männern gearbeitet, die eine zehnjährige Haftstrafe wegen Gesundheitsdelikten verbüßt hatten, Männer, die mit Aktivitäten im Zusammenhang mit dem Drogenhandel in Verbindung standen, indem sie eine Verbindung zu den Männern von Men Renouncing Their Violence (PHRSV) herstellten, indem sie ein Programm für Männer innerhalb des Gefängnisses einrichteten (Garcia, 2008).

2010, ein Jahr, in dem die Situation der Gewalt und der Kriminalität im Zusammenhang mit dem Drogenhandelssystem in unserem Land und unserer Region komplexer wurde, begann sich zu erschüttern, Verbrechen nahmen zu, kollektive Todesfälle, verschiedene Szenarien, Zusammenstöße zwischen Elementen der öffentlichen und militärischen Sicherheit, Bewaffnete verschiedener Kartelle, Massenentlassungen von Polizeibeamten, hochrangige Führungskräfte, Korruption, die von Beamten angeklagt wurde, Entführungen und Hyper Wachsamkeit auf den Straßen Tag und Nacht durch kommunale, staatliche und lokale Polizeikräfte, föderalen und militärischen Ebenen. Die Zusammenhänge, die Routinen, die Tagesabläufe, die Beziehungen der Bevölkerung waren betroffen, Räume, die zuvor Räume für den Aufbau von Bürgerschaft und Sozialisierung unter den Einwohnern gewesen waren, verschwanden, Freizeitorte für Jugendliche wurden geschlossen. Es kam zu Verstößen aller Art: Verletzung der Menschenrechte, Geldwäsche, Entführung von Unternehmern, das Recht auf ein gewaltfreies Leben, die Menschen mussten ihr Studium, ihren Arbeitsplatz und sogar ihren Wohnort verlassen.

Auf der Grundlage dieser Szenarien wurden 2008 in der Arbeit mit Männern Programme neu strukturiert, die auch Kinder und Jugendliche einbeziehen und durch den Beitrag von auf Freizeit basierenden Methoden aus der Volksbildung verstärkt werden. Während des Spiels werden verschiedene Arten von Führungsqualitäten zwischen Jungen- und Mädchengruppen erkundet, wobei die eigenen und andere Qualitäten ermittelt werden. Wichtig ist eine enge Begleitung durch den Spielleiter, die Mentoren und die jugendlichen Teilnehmer.

1.4 Optionen

Der Beitritt zu Netzwerken und Gruppen in Mittel- und Südamerika, den USA und Europa hat es den Neuen Männern ermöglicht, ihre Aktionen als Gruppe, ihr soziales Engagement und ihre Herausforderungen an neue Realitäten zu überdenken.

Mit diesen Erwartungen wurde New Men aufgerufen, sich an gemeinsamen Projekten zu beteiligen, deren Gegenparteien ihre Geschichte kennen und daher Möglichkeiten für eine gemeinsame Arbeit aufzeigen, um Alternativen für die Wahrung des Rechts der Bürger auf ein gewaltfreies Leben zu bieten.

Die Arbeit im Rahmen von Interventionsprogrammen mit Männern und die

Erfahrung mit jungen Menschen in der Region ermöglichten es, in andere Arbeitsbereiche außerhalb des Landes vorzudringen, z. B. HIV und AIDS, Menschenrechte und sexuelle Vielfalt, mit verschiedenen Bevölkerungsgruppen, Polizei, Militär, Glaubensgemeinschaften, afrikanischer Abstammung usw. In den Jahren 2009-2013 hatte ich die großartige Gelegenheit, als Spezialist für Männlichkeiten in Zentralamerika Erfahrungen auszutauschen und nahm in Nicaragua an zwei Projekten teil: "*Promotion y defensa de los DDHH de personas viviendo con VIHy SIDA y prevention con enfoque de equidad (DCI-NSAPVD/2008/168-234)* und "*Promover la Prevention del VIHy Sida en 31 Zonas de Intervention en 23 Municipios de Nicaragua, desde un Enfoque de Genero, Generationaly de Derechos Humanos (DCI-NSAPVD/2008/168- 234)"*, die von der Europäischen Union und Progressio, einer NRO in London, Action Aid, einer spanischen Agentur für internationale Zusammenarbeit, und dem Center for Information and Health Advisory Services (CISAS), einer NRO in Nicaragua, finanziert wurden, inspirierten dieses Modell der Arbeit mit Jungen und Männern zu geschlechtsspezifischen Themen.

1.5 Beschlüsse

Die Zeit von 2009 bis 2013 gilt als Übergangszeit im Leben der Gruppe der Neuen Männer von La Laguna in Nordmexiko, die durch lokale und nationale Kontextszenarien gekennzeichnet ist, die eine tiefere Reflexion über das, was getan wurde, erforderten, um Erfahrungen zu systematisieren, die in die Entwicklung neuer Strategien einfließen würden, um auf neue Herausforderungen zu reagieren, die von Menschen geäußert wurden, die über die Bedingungen von Kriminalität, Gewalt und Verletzungen der Rechte von Einzelpersonen und insbesondere der am meisten gefährdeten Gruppen wie Frauen, Kindern, Jugendlichen und Gruppen mit sexueller, ethnischer, religiöser und politischer Vielfalt besorgt sind. So nahm New Men die Herausforderung an, formellere Alternativen zur Gewaltprävention durch die Einbeziehung, den Schutz und die Beteiligung von Mädchen, Jungen und jungen Menschen zu suchen, die am meisten gefährdet und von krimineller Gewalt betroffen sind.

Es wurden Friendly Spaces als Strategie zur Bereitstellung integrierter Kinder- und Jugendschutz- und Bildungsdienste in Konfliktgebieten geschaffen. Es besteht ein großer Bedarf an physisch sicheren Räumen, in denen Kinder spielen, lernen und soziale Kontakte pflegen können. Eltern, Kinder und Gemeindevorsteher brachten außerdem zum Ausdruck, dass Mädchen und Jungen die Möglichkeit haben müssen, außerhalb ihrer Häuser zu spielen, da die Gefahr bewaffneter Gruppen die soziale Isolation in der Gemeinde gefördert hat.

1.6 Der Vorschlag

Das übergeordnete Ziel des Projekts ist die Sensibilisierung und Schulung von

Mädchen, Jungen und jungen Führungskräften beiderlei Geschlechts aus der Region La Laguna sowie von Personen, die mit jungen Menschen arbeiten, in Bezug auf die Erkennung von Risikofaktoren in Konfliktgebieten, sexistischem und gewalttätigem Verhalten durch Kurse, Workshops, Diskussionen und Camps mit Hilfe von spielerischen Methoden wie Clowns, Puppen, Straßentheater, Rollenspielen, Spielen, Filmforen usw.

In diesem Vorschlag werden fünf Arbeitslinien angenommen, die auf den Vorschlägen von Polly Wright, Claire Turner, Daniel Clay und Helen Mills basieren:

-   *Literaturübersicht über Forschung und Politik zur Beteiligung von Kindern und Jugendlichen.*

Es wurde eine Literaturrecherche durchgeführt, bei der ein systemischer Ansatz für die Beteiligung an der Veränderung oder Verbesserung ihrer Dienstleistungen berücksichtigt wurde. Dieser Ansatz geht davon aus, dass es vier Teile der Dienstleistungsentwicklung gibt, die berücksichtigt werden müssen: *Kultur, Struktur, Praxis und Überprüfung.*
Wie steht es um die *Kultur* der Beteiligung von Kindern und Jugendlichen in einer Region wie La Laguna? Wer sollte sich für die Beteiligung von Kindern und Jugendlichen einsetzen? Wird es von Erwachsenen, Entscheidungsträgern und Kindern selbst geteilt?

Wie können die *Strukturen* geplant und entwickelt werden, die notwendig sind, um Kinder und Jugendliche in die Lage zu versetzen, sich aktiv zu beteiligen? Dazu gehören Personal, Ressourcen, Entscheidungs- und Planungsprozesse.
Welchen Grad an partizipativer *Praxis* haben Kinder und Jugendliche, um sich einzubringen? Ist die Praxis der Führung von Mädchen, Jungen und jungen Menschen eine gute Strategie für Empowerment? Berücksichtigen die öffentlichen und privaten Organisationen den Gender-Ansatz für die Bedürfnisse von Mädchen und Frauen?

Gibt es eine Möglichkeit, aufzuzeichnen, wie Kinder und Jugendliche aktiv beteiligt wurden und, was noch wichtiger ist, wie die Beteiligung dazu beigetragen hat, ihr Verhalten zu ändern oder die Sozialfürsorgedienste zu verbessern? Wie sieht es mit dem Prozess der Überwachung und Bewertung der Beteiligung von Kindern und Jugendlichen aus?

-   *Die Fähigkeiten, das Wissen und die Erfahrung des Kollektivs der Neuen Männer von La Laguna und der Gruppe der Männlichkeiten, die zur strategischen Entwicklung der Partizipation innerhalb der Organisation beigetragen und eine Reihe von Ressourcen geschaffen haben, um die Beteiligung von Kindern und Jugendlichen zu erleichtern.*

Die (individuellen) Veränderungsprozesse in Männergruppen reichen nicht aus, um die Gleichstellung der Geschlechter zu erreichen. Die Entscheidung, der Gewalt gegen Frauen ein Ende zu setzen, erfordert eine teilweise Infragestellung der Männlichkeit, ein Überdenken und Reflektieren der individuellen Erfahrung des "Mannseins" und die Möglichkeit, unserem Leben einen neuen Sinn zu geben. Die andere Dimension des Männlichkeitskonzepts ist die Männlichkeit als strukturell-ideologisches Konzept, das den versteckten Lehrplan des Sexismus hervorgebracht hat; die sozialen Mandate, die Zuweisung von Rollen für Männer und Frauen auf der Grundlage der biologischen Unterschiede.

Das Männlichkeitskonzept der Neuen Männer ist nicht nur ein Thema, das mit der Konstruktionsmeinung der Identität der Männer zu tun hat, sondern es wird als operatives Instrument zur Analyse von Realitäten verstanden.

Es war ein schwieriger Prozess, aber umso mehr wurde beschlossen, eine kritische Analyse der neuen Realitäten in der Region La Laguna durchzuführen. 2006 begann die Unterstützung für Gewaltpräventionsgruppen und Männlichkeiten zu sinken, die Themen Arbeitslosigkeit, wirtschaftliche Schwierigkeiten und Spannungen in der Familie waren die Kommentare derjenigen, die noch an den Gruppen teilnahmen. Gewalt in der Familie und geschlechtsspezifische Gewalt begannen in den Nachrichten und Medien unsichtbar zu werden, die Verbrechen und Tötungsdelikte waren das, was folgte.

Allmählich setzte sich die Angst durch, Angst und ein Gefühl der Unsicherheit sowohl bei den Männern, die an den Gruppen teilnahmen, als auch in der Allgemeinbevölkerung.

Das Kollektiv der Neuen Männer von La Laguna entwickelt einen Workshop *"Paternar despues de la Violencia"*, der sich an jene Männer richtet, die sich in einem Prozess der Veränderung ihres Verhaltens in Bezug auf Missbrauch und Gewalt gegen Ehefrauen und Kinder befinden, sowie an das Projekt: *"Deconstruyendo el Sexismo entre los Jovenes: Una alternativa para Prevenir la Violencia de Genero"* durchgeführt wurde.

Diese Erfahrungen trugen dazu bei, neue Formen des Zusammenlebens mit Kindern zu finden, die stumme Zeugen von Gewalt in ihren Häusern und Gemeinschaften waren, und Alternativen zu finden, um diese Misshandlungen und die Gewalt gegenüber den Müttern dieser Kinder zu beenden und sie in ihrer Mitverantwortung zu unterstützen.

-   Die Ansichten von Männern und Managern, die bei New Men und anderen zivilen

Organisationen

-   Der Drogenhandel und die damit verbundenen Gewalttätigkeiten können verheerende Auswirkungen auf das Leben von Kindern haben. Sie führen häufig dazu, dass Mädchen und Jungen zu Waisen werden, von ihren Familien getrennt werden, für bewaffnete Gruppen rekrutiert werden, sexuell missbraucht werden, dem Menschenhandel zum Opfer fallen oder, wie es häufig der Fall ist, mehrere dieser Faktoren gleichzeitig erfüllen.

-   Mädchen spielen in einem neuen, von Männern gebauten, kinderfreundlichen Raum in La Laguna.

-   Im Einklang mit Artikel 12 des Übereinkommens der Vereinten Nationen über die Rechte des Kindes (UNCRC) ist das Kollektiv der Neuen Männer von La Laguna der Ansicht, dass Kinder aller Altersgruppen und Fähigkeiten, einschließlich der am stärksten Ausgegrenzten, in allen sie betreffenden Angelegenheiten ein Mitspracherecht haben sollten. Sie sollte informiert und freiwillig sein. Wir glauben, dass Partizipation eine Arbeitsweise und ein wesentliches Prinzip ist, das in allen Bereichen angewendet werden sollte - von zu Hause bis zur Regierung, von der lokalen bis zur internationalen Ebene.

-   Als Organisation fördern wir in unseren Programmen für die Gemeinschaften die Beteiligung als Arbeitsmethode.

-   Damit junge Menschen ihre Meinung zu Themen, die sie betreffen, äußern können (Artikel 12), brauchen sie Informationen (Artikel 17) und müssen die Möglichkeit haben, sich mit anderen zu treffen, um Themen zu diskutieren (Artikel 15). Ohne das Recht auf freie Meinungsäußerung und Gedankenfreiheit (Artikel 13 und 14).

-   In einer Notsituation sind Kinder nicht nur neuen Bedrohungen ausgesetzt, sondern bestehende Probleme werden verschärft und Kinderschutzmechanismen und -systeme können untergraben oder beschädigt werden.

-   Der Schutz von Kindern in Notfällen ist daher dringend und lebensrettend.

-Diese bildeten einen wichtigen Rahmen für die Entwicklung, und in einer Reihe von Bereichen wurden erhebliche Fortschritte erzielt. Für unseren Fall,
Ziel 3. Sicherstellung eines gesunden Lebens und Förderung des Wohlbefindens für alle Menschen in jedem Alter.
Ziel 4. Eine integrative und gerechte Qualitätsbildung gewährleisten und

Möglichkeiten des lebenslangen Lernens für alle fördern.

Ziel 5. Gleichstellung der Geschlechter und Ermächtigung aller Frauen und Mädchen erreichen.

Ziel 11. Städte und menschliche Siedlungen inklusiv, sicher, widerstandsfähig und nachhaltig machen.

Ziel 16. Friedliche und integrative Gesellschaften für eine nachhaltige Entwicklung fördern, allen Menschen Zugang zur Justiz verschaffen und wirksame, rechenschaftspflichtige und integrative Institutionen auf allen Ebenen aufbauen.

Wir berücksichtigen auch die Delhi-Erklärung: *Aufruf zum Handeln in Delhi* (2. MenEngage Global Symposium 2014)

^Männer, Jugendliche und Kinder einbeziehen, damit sie gerechter werden und alle Formen von Gewalt, wie Gewalt gegen Frauen, Kinderheirat, Zwangsheirat, geschlechtsspezifische Geschlechtswahl und Genitalverstümmelung ablehnen. Ermutigung von Männern, Jugendlichen und Kindern, alle Ungleichheiten, auch die strukturellsten, zu hinterfragen.

- *Die Ansichten von Söhnen und Töchtern von Männern, die an*

Reflexionsgruppen in

   Kollektiv der Neuen Männer, die Erfahrungen mit häuslicher Gewalt

   oder/und kriminellen Handlungen gemacht haben.

Konfrontiert mit den Ereignissen von Verbrechen und Gewalt, drücken Kinder und Jugendliche ihre Erfahrungen auf unterschiedliche Weise aus. Jungen sagen, dass sie einen Mangel an Möglichkeiten, die Verführung des leichten Lebens, Adrenalin und die Nachahmung ihrer neuen Helden haben, um Teil einer gefürchteten und respektierten Gruppe von ungestraften Kriminellen zu sein. Aber auf der anderen Seite verweisen die Erfahrungen von Missbrauch und Gewalt in der Familie, Verlassenheit und Mangel an Liebe. Manche Jugendliche spielen mit dem Gedanken, dass sie ungeachtet der Gewaltrechnung einige Jahre im Luxus leben können. Stattdessen berichteten die meisten Mädchen, dass sie sich in ihrem Zuhause, in ihren Beziehungen und auf der Straße unsicher fühlten. Die Mädchen berichteten, dass sie sich in öffentlichen Verkehrsmitteln nicht sicher fühlten, dass sie alleine in der Öffentlichkeit spazieren gingen oder sich nach Einbruch der Dunkelheit in der Öffentlichkeit aufhielten. Neben der Bedrohung und der Angst vor körperlicher und sexueller Gewalt berichteten sie, dass sie von Jungen und Männern auf der Straße verbal belästigt wurden.

Was die Männer anbelangt, so äußerten sie die Angst, allein auf der Straße zu sein, bei Sonnenuntergang oder nachts mit dem Auto zu fahren, von Personen verwirrt zu werden, die angeblich mit dem Drogenhandel in Verbindung stehen, viel

Unsicherheit, Verzweiflung aufgrund von Arbeitslosigkeit, wirtschaftliche
Schwierigkeiten und Spannungen in der Verwandtschaft waren die Kommentare
derjenigen, die noch an den Gruppen in unserem Kollektiv teilnahmen.

- Fallstudien, die die Entwicklung der Partizipation von Jugendlichen in

Organisationen der Sozialfürsorge als Vorläufer aufzeigen, unter

Berücksichtigung von zwei Projekten in Nordmexiko und zwei Projekten in

Nicaragua, Zentralamerika

FRÜHERE ERFAHRUNGEN

1) Affektive Vaterschaft

Die Workshopreihe *"Paternar despues de la Violencia" richtet* sich an Männer, die
sich in einem Prozess der Veränderung ihres Missbrauchs- und Gewaltverhaltens
befinden. Suchen Sie nach neuen Wegen des Zusammenlebens mit Kindern, die
stumme Zeugen von Gewalt in ihren Häusern waren, finden Sie Alternativen, um
diese Missbräuche und Gewalt gegenüber den Müttern dieser Kinder zu beenden und
unterstützen Sie ihn in der Mitverantwortung mit ihnen.

2) "Deconstruyendo el Sexismo entre los Jovenes: Una alternativa para Prevenir la Violencia de Genero"

Ein Projekt über den verinnerlichten Sexismus, der im Glaubensschema von Männern
und Frauen vorhanden ist, die Verheimlichung des Lehrplans und die männliche
Konditionierung oder Unterdrückung der Männer. Eine erste Phase wurde in den
Monaten Oktober, November und Dezember 2006 mit Jugendlichen zwischen 16 und
20 Jahren und Mitarbeitern von Organisationen, die in der Region La Laguna
(Coahuila-Durango) mit Jugendlichen arbeiten, durchgeführt.

Aufgrund der direkten Erfahrungen, die wir in den letzten zehn Jahren in Torreon,
Coahuila, mit dem Ziel gemacht haben, die Gewalt gegen unsere Frauen zu stoppen,
wurde es notwendig, nach Alternativen zur Prävention zu suchen und einige
Anhaltspunkte zu finden, die diese Arbeit, das Geschlecht, Stereotypen, Rollen,
soziale Konditionierung und Sexismus integrieren könnten. Wir haben 119
Jugendliche beiderlei Geschlechts und 120 Personen aus Organisationen, die mit
Jugendlichen arbeiten, in die Studie einbezogen.

Diese Einbeziehung wurde durch ein Schreiben der Einladung an die Organisationen,
mit denen New Men hat ein Arbeitsverhältnis, es war ursprünglich beabsichtigt, um
das Projekt für junge Menschen, die außerhalb des Bildungssystems formal, aus
Gründen der Zeit nur junge Menschen wurden, die Schulen und Universitäten unter
Nutzung der Zusammenarbeit von Lehrern in der Verteilung der Aufforderung.

3) "Förderung und Schutz der Rechte von Personen, die mit der Geschlechtskrankheit SIDA leben, und Prävention unter Berücksichtigung der Gleichberechtigung

Progressio, eine ONG aus London, und das Centro de Informacion y Servicios de Asesoria en Salud (CISAS) in Nicaragua führten dieses von der Europäischen Union finanzierte Projekt durch. Es richtete sich an die Begünstigten und direkten Nutznießer des Projekts, Frauen und Männer mit HIV/Aids und ihre Familien, Anbieter und Dienstleister von öffentlichen Organisationen und der Zivilgesellschaft sowie Beamte und Entscheidungsträger im Bereich HIV/Aids und Gewalt. Das Projekt richtete sich auch an Dienstleister, Entscheidungsträger und Meinungsbildner, Menschen mit IIIV, junge Menschen in der Ausbildung, Menschen mit besonderen Bedürfnissen, wie Angehörige von Glaubensgruppen oder Menschen mit geschlechtlicher und sexueller Vielfalt.

Es wurde eine Kommunikationsstrategie entwickelt und eine Gruppe von 30 Jugendlichen im Alter von 9 bis 18 Jahren gebildet. Mädchen und Jungen wurden in Workshops, Camps, Spielen und Straßentheateraktivitäten zu Promotoren für ihre Gemeinden ausgebildet.
Eine weitere Gruppe, die für diesen Vorschlag von grundlegender Bedeutung ist, sind die Jugendlichen, die zusammen mit der erwachsenen Bevölkerung am Sensibilisierungs-, Schulungs- und Ausbildungsprozess des Projekts teilgenommen haben.

4) "Förderung der Prävention von sexueller Belästigung durch Sida in 31 Interventionszonen in 23 Gemeinden Nicaraguas, aus der Sicht der Generationen und der Menschenrechte".

Das Projekt ist in der Realität, dass die Menschen mit hiv und aids und ihre Beziehung zu Ungleichheiten Geschlecht, Generation und Menschenrechte, wie zeigen zahlreiche Forschung auf dem Gebiet gerahmt.die Junta de Andalucia und Ayuda en Accion gewährt die finanziellen Mittel, um

ein Projekt zu konzipieren und durchzuführen, das darauf abzielt, die Prävention von HIV in 23 Gemeinden Nicaraguas auf integrierte Weise anzugehen, und zwar durch eine Änderung der Einstellung zu Stigmatisierung, Diskriminierung und Gewalt gegenüber Menschen mit HIV und Aids, wobei bei der Durchführung des Projekts hauptsächlich mit Männern zusammengearbeitet wird, um Überlegungen zur Prävention von HIV und Aids einzuleiten
hiv und seine Beziehung zu Geschlecht und Gewalt in der Generation. Ebenso wird vorgeschlagen, das Thema hiv in den Vordergrund zu stellen und die Folgen von Stigmatisierung, Diskriminierung und Gewalt zu beobachten, die durch Workshops, Work-Play-Aktivitäten und Kino-Foren präsent sind. Es handelte sich um eine Tagung in Zusammenarbeit zwischen Ayuda en Accion und dem Centro de Informacion y Servicios de Asesoria en Salud (CISAS) in Nicaragua.

AKTUELLE ERFAHRUNGEN

1.7 Spezifische Ziele und erwartete Ergebnisse:

Ziele: Beitrag zur Verbesserung der Lebensqualität von 50 jungen Frauen und Männern durch die Förderung einer Kultur des Friedens, die die Ausübung der Menschenrechte und der Geschlechtergerechtigkeit begünstigt, um die Gewalt insbesondere in den Städten Torreon, Matamoros in Coahuila sowie in Gomez Palacio und Ciudad Lerdo zu verringern.

Verbesserung der Mitwirkung und der Entscheidungsfähigkeit von 50 jungen Männern und Frauen sowie der Beteiligung von Männern an der Gewaltprävention, Förderung ihrer Führungsqualitäten bei der Beeinflussung der öffentlichen Politik zur Verbesserung ihrer Lebensqualität, größeres bürgerschaftliches Engagement und stärkere Beteiligung am politischen Leben und an öffentlichen Einrichtungen.

Ergebnisse: 1) Ausbildung von 50 jungen Frauen und Männern in Strategien, Plänen zur Interessenvertretung, Kommunikation, Gender und Männlichkeit, die aktiv an der Prävention und Interessenvertretung im Zusammenhang mit der Verringerung von Gewalt, der Verbesserung der Lebensqualität und der Teilnahme am politischen Leben beteiligt sind. 2) Förderung einer Änderung der Einstellungen und des Verhaltens gegenüber traditionellen Stereotypen von Männlichkeit und deren Zusammenhang mit der Ausübung von Gewalt.

3) Stärkung der institutionellen Kapazitäten der beteiligten Partnerorganisationen zur Förderung und zum Einsatz für die Menschenrechte von Frauen und jungen Männern im Hinblick auf Gewaltprävention und Lebensqualität.

1.8 Theoretischer Rahmen

Im Rahmen ihrer Kinderschutz- und Partizipationspolitik hat Collective ofNew Men verschiedene Maßnahmen festgelegt:

- Sicherstellen, dass Kinder und Jugendliche ihre Rechte kennen und wissen, welche aktive Rolle sie beim Kinderschutz spielen können.
- Regelmäßige Gelegenheiten für Mädchen und Jungen, ihre Bedenken zu äußern, so dass alle Schutzprobleme gehört und angegangen werden können.
- Kinder und Jugendliche sollen in die Lage versetzt werden, eine aktivere Rolle bei ihrer eigenen Entwicklung, ihrem Schutz und ihrer Beteiligung an Entscheidungen zu spielen.
- Förderung der Beteiligung von Kindern und Jugendlichen in allen

Angelegenheiten, die ihr Leben betreffen.

Die methodischen Inhalte basieren auf der Überzeugung, dass sozialer Wandel durch Bildung möglich ist. Daher ist die effektivste Methode für die Gemeinschaft eine *feministische Pädagogik* zusammen mit *nicht-formaler und populärer Bildung*. Feministische Pädagogik konzentriert sich auf Machtverhältnisse, Hierarchien und Unterdrückung bei globaler Gewalt gegen Frauen, Volksbildung konzentriert sich auf persönliche Erfahrungen, Reflexion, Konfrontation und Aktion zur Veränderung von Ereignissen, fördert das Selbstmanagement, außerhalb des offiziellen Bildungssystems.

Sozialer Konstruktionismus als methodologisches Instrument, das es ermöglicht, das Lernen des täglichen Lebens, seine mögliche Dekonstruktion und Neubestimmung zu erklären, um dem Leben einen anderen Sinn zu geben, und *Männlichkeit* als operatives Instrument für die Analyse der Realitäten.

Die soziale Konstruktion der geschlechtlichen und sexuellen Identität von Männern und Frauen unterscheidet sich von einem System kultureller und von Generation zu Generation weitergegebener Glaubenssätze, und dieser Unterschied hat zu einer Benachteiligung von Frauen und Mädchen gegenüber Jungen und Männern geführt, was den Zugang zu Ressourcen und die Fähigkeit, Entscheidungen zu treffen, betrifft.

Normen und gesellschaftlich vorgegebene Rollen für Männer und Frauen haben die Beteiligung von Frauen in den Entwicklungsländern unsichtbar gemacht. Es gibt eine weit verbreitete Diskriminierung allein aufgrund der Tatsache, als Frau geboren zu sein. Diese Diskriminierung wird auch für junge Mädchen und Jungen verschärft, da Stigmatisierung, Diskriminierung und Gewalt ihre Lebensqualität und die Entwicklung ihrer Fähigkeiten beeinträchtigen.

Die Frage der Ungleichheit zwischen Männern und Frauen und der Verletzung von Rechten wurde von verschiedenen internationalen Gremien in unterschiedlichen Zusammenhängen behandelt.

Hier sind einige Konventionen und Verträge, die den Rahmen für die erwähnten Maßnahmen zur Gleichstellung und Gewaltlosigkeit gegenüber Frauen bilden und vor allem den gefährdeten Bevölkerungsgruppen zugute kommen.

Im Rahmen des Konzepts der gerechten Entwicklung aus dem Weltentwicklungsbericht (Weltbank, 2006), identifiziert Frauen, unabhängig von Regionen, wie "gefangen" durch die Ungleichheit und mit begrenzten Zugang zu den Vorteilen der Entwicklung. Um eine Lösung zu erreichen, die es ermöglicht, aus diesen Fallen herauszukommen, muss es wirtschaftliche und rechtliche Systeme mit den gleichen Chancen für alle Individuen geben, unabhängig von Rasse, Geschlecht, Glaube oder Geburtsort.

Gewalt gegen Frauen ist ein Faktor, der die Entwicklung von Ländern im Allgemeinen und von ihnen im Besonderen behindert. Das Übereinkommen zur Beseitigung jeder Form von Diskriminierung der Frau (CEDAW) der Vereinten Nationen bietet einen gerechten Rechtsrahmen, der mit dem Völkerrecht im Einklang steht und die Grundrechte von Frauen respektiert, einschließlich des Rechts auf ein Leben frei von Gewalt (Tijerino 2008).

Die Internationale Konferenz über Bevölkerung und Entwicklung (ICPD), die 1994 in Kairo, Ägypten, stattfand, verweist in ihrem Aktionsprogramm auf zwei der damit zusammenhängenden Gleichstellungsfragen: Kapitel IV über Gleichstellung und Gleichberechtigung der Geschlechter und die Stärkung der Rolle der Frau sowie Kapitel VII über reproduktive Rechte und reproduktive Gesundheit (WOMEN, 2009).

Die Millenniumserklärung der Vereinten Nationen, die im September 2000 von den Staats- und Regierungschefs der Welt unterzeichnet wurde, stellt eine Verpflichtung der internationalen Gemeinschaft zur Bekämpfung von Armut, Hunger, Krankheiten, Analphabetismus, Umweltzerstörung und Diskriminierung von Frauen dar.

In den internationalen Verträgen und Konventionen, die verschiedene Länder im Bereich der Entwicklung unterzeichnet und ratifiziert haben, wird in den daraus resultierenden Empfehlungen die Einbeziehung von Jugendlichen und Männern als aktive Protagonisten dieser Prozesse betont.

In den Empfehlungen der Erklärung von Rio de Janeiro, die im Rahmen des Globalen Symposiums "Engaging Men and Boys in Gender Equality" 2009 in Rio de Janeiro, Brasilien, vorgeschlagen wurde, wird argumentiert, dass viele Männer darunter leiden, dass in unserer Welt nicht nur die Macht der Männer über die Frauen, sondern auch die Dominanz einiger Gruppen von Männern über andere Männer gemeint ist. Zu viele Männer und Frauen leben in extremer Armut, werden erniedrigt und sind gezwungen, unter gefährlichen und unmenschlichen Bedingungen zu arbeiten. Viele Männer tragen tiefe Narben davon, dass sie versuchen, den unmöglichen Anforderungen des Mannseins und des Komforts gerecht zu werden, und gehen ein schreckliches Risiko ein: Gewalt, Selbstzerstörung, Alkohol oder Drogen. Viele Männer werden stigmatisiert und bestraft, nur weil sie lieben, wollen oder Sex mit anderen Männern haben.

Mehr als 1.200 Aktivisten / Fachleute aus 94 Ländern und mit einer Vielzahl von organisatorischen Vorläufern trafen sich auf dem zweiten Symposium von MenEngage in Neu-Delhi, Indien, 2014.

Das Erreichen von Jungen in den entscheidenden Jahren ihrer Ausbildung wird dazu beitragen, die

Schaffung einer neuen Generation von Männern mit einem positiveren Verhalten gegenüber Frauen, Kindern, Männern und Transgender-Personen. Es ist von entscheidender Bedeutung, Kinder von frühester Kindheit an zu sensibilisieren und Heranwachsende einzubeziehen, um sie darauf vorzubereiten, geschlechtergerecht und mitfühlend zu werden.

Rechte der Kinder
Das Übereinkommen über die Rechte des Kindes (1989) erkennt zum ersten Mal an, dass das Kind das Recht hat, seine Meinung zu äußern, gehört zu werden und sich zu beteiligen. Sie erkennt das Kind als ein Subjekt mit vollen Rechten, mit Rechten und Pflichten an. Durch das Zentrum für Freizeit und andere Freizeiträume können Sie die *"Aktivisten"*-Rolle von Jungen und Mädchen und ihre Beteiligung an der Gemeinschaft gefördert werden, so dass sie ihre Ideen und Meinungen zu Fragen, die sie betreffen, wie zum Beispiel: die Teilnahme an der Gestaltung von Räumen der Spiele in der Stadt, Sportanlagen, kulturelle Veränderungen städtischen, machen Ansprüche Nachbarschaft Projekte, Projekte für die Nachbarschaft, etc.

Übereinkommen der Vereinten Nationen über die Rechte des Kindes
Nach der UN-Kinderrechtskonvention haben Kinder jeden Alters das Recht, sich an allen sie betreffenden Angelegenheiten zu beteiligen und ihre Meinung zu berücksichtigen. Kinder sind von ihrer Geburt an Bürgerinnen und Bürger, doch werden sie oft so behandelt, als seien sie weniger wichtig als Erwachsene und ihre Meinung sei weniger wichtig. Erwachsene haben natürlich mehr Macht als Kinder. Die Art und Weise, wie sie diese Macht ausüben oder teilen, kann Kinder in die Lage versetzen oder daran hindern, ihr Potenzial als aktive Bürger auszuschöpfen. Kinder und Erwachsene brauchen Unterstützung, um zu lernen, wie sie diese Probleme angehen können, damit sie einander respektieren und zusammenarbeiten können.

1.9 Methodik
Die für Mädchen und Jungen angewandte Empowerment-Methode war eine solche zur Entwicklung und Verwaltung *kinderfreundlicher Räume und von Strategien zur Beteiligung von Kindern*, die sich auf lokale Sicherheitsmaßnahmen und die Entwicklung von Maßnahmen zur Verringerung der Gewalt gegen Kinder und Jugendliche aufgrund ihres Status als gefährdete Gruppen, wie z. B. von der Bildung ausgeschlossen, Opfer von familiärer und generationenübergreifender Gewalt, konzentrierten.

Die Informationen für dieses Papier wurde aus verschiedenen Dokumenten, die einige Systematisierung Prozesse der kollektiven Erfahrung von New Men ofLa Laguna, wie Videos, Workshops Erinnerungen und Camps genommen. Zunächst arbeiteten wir mit Töchtern und Söhnen von Frauen und Männern die Teilnahme an Pflege-Programme seine Gewalt in den letzten drei Jahren den Aufruf an Kinder von7-16 Jahren erweitert Jugend 17-25 unabhängig von ihren Eigenschaften und

individuellen und familiären Geschichte. Von diesen Gruppen von jungen Menschen, eine Gruppe von 50, deren Merkmale der Führung innerhalb seiner Familie ausgewählt wurden, Schule, Gemeinde oder Peer-Gruppe durch ihre Durchsetzungskraft in ihren Handlungen und Einstellungen, sondern auch proaktiv zu sein, die Erzeugung von sozialen und symbolischen Kapital und Selbstverleugnung Führer. Diese Gruppe informiert und schult über einen Zeitraum von vier Jahren durch Feldaktivitäten, wie Camps, Workshops und Treffen mit thematischen Inhalten zu Menschenrechten, Geschlecht und Männlichkeit, sexueller und reproduktiver Gesundheit, Gewaltprävention, Geschlechtergerechtigkeit, Lebensqualität, etc.

Die älteren Jugendlichen wurden auch als Mentoren für die Jüngeren ausgebildet. Nachdem die Älteren die Gruppe aus verschiedenen Gründen und Interessen verlassen haben, übernehmen die Minderjährigen weiterhin die Führung in ihren zwischenmenschlichen Beziehungen, in der Schule, in ihrer Familie und in der Gemeinde, in der sie leben. Eine Verpflichtung dieser Schlüsselgruppe ist die Multiplikation von Lernen, Wissen und Fähigkeiten mit ihren Paaren, die Fähigkeit zur größeren Beteiligung an der Entscheidungsfindung.

KAPITEL 2

Arbeitsmodelle mit Mädchen, Jungen, Jugendlichen und Männern.

2.1 Arbeit mit Mädchen und Jungen

Junge Führungskräfte wurden zu Promotoren und Community Promotoren ausgebildet. Sie waren Mentoren für jüngere Kinder

Die Methodik von Kind zu Kind in kinderfreundlichen Räumen und die Beteiligung von Kindern sind Wege, auf denen Kinder derzeit arbeiten, um Räume inmitten einer Gesellschaft von Erwachsenen zu gewinnen. Es ist ein Weg, den Charakter von Kindern zu erkennen, d.h. die Organisation von Kindern zu stimulieren und zu fördern, um mit Gesundheits-, Bildungs-, Unsicherheits- und Diskriminierungsproblemen umzugehen, so dass sie in der Lage sind, ihre Rechte zu fördern und zu verteidigen.

Diese Methoden arbeiten mit einem Schwerpunkt auf Alegremia (Freude, die im Blut zirkuliert), es entsteht, um mit Frauen auf dem Land in Nordargentinien und dann andere Szenarien zu teilen, spricht über wirklich grundlegende Lebensbedürfnisse; Luft, Wasser, Nahrung, Unterkunft, Liebe, Kunst, Lernen (Aire, Agua, Alimento,

28

Habitacion, Amor, Arte, Aprendizaje) - das ist das "A" der Anfangsbuchstaben der spanischen Wörter, um unser Leben mit dem Kosmos zu vereinen (Centro de Capacitacion Estudio y Difusion Nino a Nino, Cuenca, Ecuador).

Kind-zu-Kind-Methodik

Wenn Erwachsene aus verschiedenen Gründen wie Naturkatastrophen, Wirbelstürmen, Kriegssituationen, Konflikten, politischer und wirtschaftlicher Gewalt, Kriminalität, Armut oder Migration nicht zu Hause oder in der Gemeinschaft anwesend sind, müssen Kinder die Verantwortung von Erwachsenen übernehmen.

Die "Child-to-Child"-Aktivitätsleitfäden wurden entwickelt, um Kindern dabei zu helfen, zu wissen, wie sie die Gesundheit anderer Kinder, ihrer Familien und ihrer Gemeinden verbessern können. Die behandelten Themen sind für die Gesundheit und Sicherheit der Gemeinschaft von Bedeutung und stimmen mit dem Alter, den Interessen und Erfahrungen der Kinder überein.

Mädchen und Jungen wurden in die Lage versetzt, ihren Lebensunterhalt durch einen Ausbildungsprozess zu bestreiten, der die folgenden Arbeitsebenen umfasst.

- *Definition des Problems.* Die Kinder definieren die Probleme, die sie betreffen,
- *Erkennen Sie das Problem* und wie es sich auf sie auswirkt, und machen Sie es sich zu eigen, um Lösungen zu finden.
- *Untersuchung des Problems.* Kinder und Jugendliche analysieren gut alle Aspekte des Problems, untersuchen, woher sie kommen und warum sie entstehen, und alles, was sie betrifft; was sind die Symptome und Folgen.
- *Planung des Problems.* Sie definieren sich selbst und welche Maßnahmen sie ergreifen können, um das Problem zu bekämpfen und entwickeln Präventiv- und Korrekturmaßnahmen, wobei sie versuchen, die Lösungen gemeinsam zu finden und andere Kinder, ihre Familien und die Gemeinschaft in die Aktivitäten einzubeziehen.
- *Evaluierungsprozess.* Kinder und Jugendliche arbeiten in den Betrieb der Prozesse; ständig bewerten die Arbeit getan, um ihre Stärken und Schwächen zu kennen und setzen ihre kontinuierliche Verbesserung, die Entwicklung ihrer kritischen sein, um die Realität, die lebt und ihren Wunsch, es zu ändern.

Mädchen und junge Kinder in der Anfangsphase der Teilnahme am Camping

Jungen und Mädchen werden zu Menschen, die Maßnahmen zur Lösung von Problemen vorschlagen, sie sind nicht nur Beobachter und Opfer, sondern Akteure, die an der Verbesserung ihrer eigenen Gesundheit, Sicherheit und ihrer Umwelt mitarbeiten.

Diese neue Einstellung, mit der sich Mädchen und Jungen auseinandersetzen, spiegelt sich in dreierlei Hinsicht wider:

• Von Kind zu Kind. Durch das gemeinsame Lernen und die Zusammenarbeit mit seinen Brüdern und anderen Kindern in der Gemeinde.

• Vom Kind zur Familie. Sie arbeiten innerhalb der Familie zusammen und tragen zur Verbreitung des Wissens zur Problemlösung und Entscheidungsfindung bei, um sie zu bekämpfen.

• Vom Kind zur Gemeinschaft. Wenn das Kind in die Gemeindeorganisation aufgenommen wird, ermöglicht dies die Verbreitung des Gelernten innerhalb der gleichen Kommunikation und Einflussnahme auf Behörden, Nachbarn und Mitschüler.

Beteiligung von Kindern

Bei der Partizipation geht es darum, dass Kinder die Möglichkeit haben, ihre Meinung zu äußern, Entscheidungen zu beeinflussen und Veränderungen zu erreichen.

Wenn junge Menschen in der Lage sein sollen, ihre Meinung zu Themen, die sie betreffen, zu äußern (Artikel 12), brauchen sie Informationen (Artikel 17) und sie müssen die Möglichkeit haben, sich mit anderen zu treffen, um Themen zu diskutieren (Artikel 15). Ohne das Recht auf freie Meinungsäußerung und Gedankenfreiheit (Artikel 13 und 14) ist das Übereinkommen der Vereinten Nationen über die Rechte des Kindes (UNCRC).

Kindertraining zur sozialen Konstruktion von Identitäten (Nicaragua 2010-2012)

30

Kinderschulung zum Thema Partizipation und Führungsqualitäten (Mexiko 2010-2012)

Durch die Beteiligung der Kinder werden sie gestärkt:

• Kinder entwickeln starke Kommunikationsfähigkeiten.
• Sie erhalten Erfolgserlebnisse und gewinnen den Glauben an ihre eigene Fähigkeit, etwas zu bewirken.
• Kinder, die daran gewöhnt sind, sich zu äußern, können Missbrauch oder Ausbeutung deutlicher zum Ausdruck bringen.
• Sie erwerben politische und soziale Kenntnisse und werden sich ihrer Rechte und Pflichten bewusst.
• Die Beteiligung von Kindern führt zur Verwirklichung anderer Rechte.
• Die Kinder lernen, aktive und verantwortungsbewusste Bürger zu sein.
• Die Zusammenarbeit trägt zur Entwicklung positiver Beziehungen zwischen Kindern und Erwachsenen bei; sie fördert ein positives Bild der Kinder in ihren Gemeinschaften, bei Fachleuten und Gleichaltrigen.
• Eine sinnvolle Rolle in einem Projekt zu spielen, schafft Möglichkeiten für die persönliche Entwicklung von Kindern, die oft ausgegrenzt sind.
• Die Einbeziehung von Kindern in unsere Arbeit bietet die Möglichkeit, sie vor Schaden zu bewahren und zu verhindern, dass sie bei der Diskussion von Plänen, der Gestaltung von Politiken und Dienstleistungen oder bei Entscheidungen, die ihr Leben betreffen, unsichtbar bleiben.
• Kinder erhalten die Befugnis, die Verantwortlichen zur Rechenschaft zu ziehen, um sicherzustellen, dass Erwachsene in einer Weise denken und handeln, die Kinder und Kindheit respektiert.

2.2 Arbeit mit Jugendlichen

Schulung junger Menschen zum Thema Gender Leadership und Gerechtigkeit

Bereiche, in denen diese jungen Menschen die Möglichkeit haben, als Akteure des Wandels und der Entwicklung in Mexiko und speziell in der Region La Laguna aufzutreten, haben notwendigerweise mit der Ausbildung und Schulung junger Menschen in der Identifizierung und Veränderung von Risikofaktoren und dem Schutz zu tun, der für die Prävention von Gewalt in den Städten erforderlich ist, mit der die Menschen heute konfrontiert sind, einschließlich der jungen Menschen.

Die Jugendarbeit begann formell mit einem Projekt über den verinnerlichten Sexismus, der in den Schemata von Männern und Frauen, in versteckten sexistischen Lehrplänen und in der Konditionierung von Männern oder der Unterdrückung von Männern zum Ausdruck kommt.

A first initial phase was conducted during the months of October, November and December 2006, young people 16 to 20 years and staff of organizations working with young people in the Region (Coahuila-Durango).

Schulung zum Thema "Dekonstruktion von Sexismus unter Jugendlichen

Nach direkten Erfahrungen in Torreon, Coahuila in den letzten zehn Jahren mit dem Ziel, unsere Gewalt gegen unsere Frauen zu stoppen, fanden wir die Notwendigkeit, Alternativen zu suchen, um zu verhindern, identifizieren Anhaltspunkte, die diese Arbeit, Geschlecht, Stereotypen, Rollen, soziale Konditionierung, Sexismus integrieren könnte. Sie umfassten 119 junge Männer und Frauen und 120 Personen aus Organisationen, die mit jungen Menschen arbeiten, als Bevölkerung unter Studie.

Diese Aufnahme wurde durch ein Einladungsschreiben an die Organisationen, die New Men eine Arbeitsbeziehung haben, ursprünglich gedacht, um das Projekt Jugend, die außerhalb des formalen Bildungssystems sind, aus Gründen der Zeit allein junge Menschen an Schulen wurden einbezogen und Universitäten Hebelwirkung die Zusammenarbeit von Lehrern und Lehrern Verteilung nennen. Derzeit Gruppen suchen 40 bis50 junge Menschen, deren Führungsqualitäten innerhalb ihrer Familie, Schule, Gemeinde oder Peer-Group auf Urlaub für seine Durchsetzungsfähigkeit in ihren Handlungen und Einstellungen, sondern auch proaktiv zu sein, die Erzeugung von sozialen und symbolischen Kapital und Selbstverhandlung Führer (Garcia 2008).

Ludopädagogik

Die Ludopädagogik wurde von den Praktiken der Volksbildung in Lateinamerika inspiriert und stellt einen Arbeitsschwerpunkt des Zentrums für Forschung und Ausbildung in Freizeit, Spiel und Camp "The Mancha" aus Uruguay dar.

Vom Spiel zum sozialen Engagement und zur Entscheidungsfindung unter Jugendlichen

Das Spiel ist eine frei gewählte Aktivität, die die Erlaubnis gibt, interne und externe Lebensstandards zu überschreiten; eine synergetische Befriedigung menschlicher Bedürfnisse, die die individuelle und kollektive Dimension umfasst und Auswirkungen auf die soziale, kulturelle und politische Ebene hat.

Wir betrachten als eine der Kernachsen des pädagogischen Ansatzes das Konzept der Entwicklung auf menschlicher Ebene... eine solche Entwicklung ist konzentriert und in der Befriedigung der menschlichen Grundbedürfnisse, in der Schaffung eines immer höheren Maßes an Selbstständigkeit und in der Verbindung des Menschen mit der Natur und der Technologie.
Prozesse mit lokalen Verhaltensweisen, von der persönlichen zur Planung, Autonomie und zivilen mit dem Staat.

Treseders Modell der "Grade der Beteiligung" (Degrees of Involvement)

In Treseders Modell gibt es fünf Stufen der Beteiligung, die als "unterschiedliche, aber gleichwertige Formen guter Praxis" zu betrachten sind. Es gibt keine Hierarchie der Beteiligung; die Art der Beteiligung hängt von den Wünschen der Kinder, dem Kontext, den Entwicklungsstufen der Kinder, der Art der Organisation usw. ab.

Zugewiesen, aber informiert
Die Erwachsenen entscheiden über das Projekt und die Kinder nehmen freiwillig daran teil. Die Kinder verstehen das Projekt, sie wissen, wer beschlossen hat, sie einzubeziehen und warum. Die Erwachsenen respektieren die Meinung der Kinder.
Von Erwachsenen initiierte, gemeinsame Entscheidungen mit Kindern

Die Erwachsenen haben die ursprüngliche Idee, aber die Kinder werden in jeden Schritt der Planung und Umsetzung einbezogen. Die Meinung der Kinder wird berücksichtigt, und sie werden in die Entscheidungsfindung einbezogen.

Konsultiert und informiert
Das Projekt wird von Erwachsenen konzipiert und durchgeführt, aber die Kinder werden konsultiert. Sie haben ein umfassendes Verständnis für die Prozesse und ihre Meinung wird ernst genommen.

Von Kindern initiiert und geleitet
Die Kinder haben die erste Idee und entscheiden, wie das Projekt durchgeführt werden soll.
Erwachsene sind verfügbar, übernehmen aber keine Verantwortung.

Von Kindern initiierte, gemeinsame Entscheidungen mit Erwachsenen
Kinder haben Ideen, stellen Projekte auf die Beine und wenden sich an Erwachsene, um Ratschläge, Diskussionen und Unterstützung zu erhalten. Die Erwachsenen leiten nicht an, sondern stellen ihr Fachwissen zur Verfügung, damit die Jugendlichen es berücksichtigen können (P. TRESEDER 1997).

2.3 Interventionsmodell mit Männern.

Team des Kollektivs der Neuen Männer von La Laguna

Das ursprüngliche Modell war das Programm "Männer, die der Gewalt abschwören" (Programa de Hombres Renunciando a Su Violencia (PHRSV)) Colectivo por Relaciones Igualitarias (CORIAC), mit drei Arbeitsstufen, 16 wöchentlichen Sitzungen von je 2 Stunden Dauer mit ihren jeweiligen Zielen.

Derzeit verbunden mit einer anderen Ebene Arbeitsmodell, Training Center Eradication of Domestic Violence Men (CECEVIM) San Francisco, Kalifornien, Programm umfasst drei Bildungskurse 2 Stunden pro Woche.

Männer der Gruppe der Männlichkeiten in den Workshops "Paternando Despues de la Violencia" -(Vatersein nach der Gewalt)

VON WELCHEN MÄNNERN IST DIE REDE?

Einige Merkmale der Männer, die an unseren Gruppen teilnehmen, sind die folgenden:
- Die meisten sind in den 30ern, ein paar in den 40-50ern und ein paar andere in den 16-20ern.

Männer und Jugendliche aus den Gruppen "Männlichkeit" und "Gewaltbereitschaft" des New Men's Collective

In der Regel handelt es sich um Durchschnittsschüler mit einem bestimmten Beruf, die den Männern mit einem bestimmten Beruf folgen; in verschiedenen Fällen. Sie kommen mit Problemen der Beschäftigung (Unterbeschäftigung oder Arbeitslosigkeit). Meistens sind es Männer aus der Stadt, die verheiratet sind, sich getrennt haben oder sich in Scheidung befinden, einige sind halbtags allein erziehend. Sie besuchen ihre Kinder, sie haben sie am Wochenende, aber sie leben nicht mit ihnen, sie sind präsentiert Ausdruck eines tiefen Schmerzes zurückzuführen auf seine Trennung mit ihren Partnern, sondern vor allem auf der Suche nach Unterstützung in Bezug auf die affektive Erholung ihrer Töchter und Söhne. Groll, Wut, Schuldgefühle, Einsamkeit, Traurigkeit, Ohnmacht u.a. Die Männer bitten um "Hilfe", um ihre Familie zu erholen, aber sie bitten kaum um Hilfe, um sich selbst zu erholen, sie sind sich nicht bewusst, welche Auswirkungen die Gewalt in ihrem Leben und im Leben der Menschen um sie herum hat. Sie können die Wut oder den Zorn über ihr gewalttätiges Verhalten nicht abgrenzen, geschweige denn die Notwendigkeit erkennen, Mechanismen der Kontrolle und Autorität zu nutzen, um anderen ihre eigene Denkweise aufzuzwingen, und verfallen in die missbräuchliche Ausübung von Macht in ihren Beziehungen. Es ist sehr häufig hören sie die Schuld anderen der Situation, durch die sie überqueren, vor allem sie ihre Partnerin schuld.während vergeht unser Aufenthalt in der Gruppe, viele Männer, die sie entwickelt eine positive Identität, das heißt, eine Verbindung emotional, Loslösung und Solidarität. Sie lassen uns spielen, mehr offen, entspannt und liebevoll und auch auf den Rest hören.

Suche nach neuen Wegen des Zusammenlebens mit Kindern, die stumme Zeugen von Gewalt in ihrem Zuhause waren, Suche nach Alternativen, die es ermöglichen, diesen Missbrauch und die Gewalt gegenüber den Müttern dieser Kinder zu beenden und sie in ihrer Mitverantwortung zu unterstützen.

Das Kollektiv der Neuen Männer brauchte einige Jahre, um sich für die Arbeit mit Kindern zu entscheiden. In den Jahren 2005 und 2006 fanden die ersten Workshops mit Kindern von Männern statt, die an der

Programme zum Thema Gewalt und Männlichkeit, die von denselben Männern als notwendig erachtet wurden. Diese Workshops zum Thema "Vater sein nach der Gewalt" (Paternar Despues de la Violencia) richten sich an Männer, die sich in einem Veränderungsprozess in Bezug auf missbräuchliches Verhalten und Gewalt befinden, um neue Wege für das Zusammenleben mit den Kindern zu finden, die in ihrem Zuhause Gewalt erlebt haben, und um Alternativen zu finden, um diese Missbräuche und die Gewalt gegenüber Müttern und ihren Söhnen zu beenden und sie dann durch Verantwortung zu unterstützen.

Diese Workshops bildeten die Grundlage für die Stärkung der Arbeit mit jungen Menschen, die Ende des Jahres 2006 staatliche Finanzmittel aus dem Programm für ein Leben ohne Gewalt für die Realisierung eines Projekts zur Prävention von Jugendgewalt "Deconstructing Sexism betweenYouth: Eine Alternative zur Verhinderung geschlechtsspezifischer Gewalt".

Einige Männer der Maskulinitätsgruppe des Kollektivs der Neuen Männer von La Laguna, die als Mentoren und Ausbilder an dem Projekt zur Stärkung der Führungsqualitäten von Kindern und Jugendlichen teilnehmen.

KAPITEL 3

Der Prozess, die Ergebnisse und die Schlussfolgerungen der Erfahrung.

3.1 Prozess

Ausgehend von der Vorstellung, dass es sich bei diesem Vorschlag zur Stärkung der Führungsqualitäten von Mädchen, Jungen und jungen Menschen um ein Kompendium von Erfahrungen innerhalb eines längeren Zeitraums handelt (20092013), sind verschiedene Prozesse zu berücksichtigen: Prozesse der *Kultur, der Struktur, der Praxis* und der *Überprüfung.*

Kultur
Obwohl La Laguna auf eine lange Geschichte hoher sozialer Beteiligung zurückblicken kann, haben die Vorfälle von Verbrechen und Gewalt im Land und insbesondere in La Laguna ein Klima der Spannung, der Angst, des Misstrauens und der Unsicherheit geschaffen.
Die Organisationen der Zivilgesellschaft, mit denen das Kollektiv der Neuen Männer seit seiner Gründung zusammenarbeitet, haben sich jedoch entschlossen, diesen Vorschlag mitzutragen und zu unterstützen: Lebende Frauen (MujeresVivas), die mit Frauen arbeiten, die unter Missbrauch und häuslicher Gewalt leiden, das Zentrum für Jugendintegration (Centro de Integracion Juvenil) zur Prävention von Drogenabhängigkeit, zwei Frauenhäuser für Frauen und ihre Kinder, die unter extremer Gewalt leiden, junge Gruppen der Universität von Coahuila und die Gruppen für sexuelle Vielfalt.

3.2 Zielgruppen

Die Arbeit mit Kindern begann 2004 mit einer Reihe von Workshops über affektive Väterlichkeit (Paternar despues de la Violencia) für die Männer, die an den Reflexionsgruppen des Kollektivs der Neuen Männer teilnehmen.
Junge Menschen ist offiziell mit einem Projekt über verinnerlichten Sexismus in der Männer und Frauen Überzeugungen Schema, das versteckte sexistische Lehrplan und die Konditionierung Maskulin oder Unterdrückung der Männer eingeleitet. Eine erste Phase wurde in den Monaten Oktober, November und Dezember 2006 mit jungen Menschen im Alter von 16 bis 20 Jahren und Mitarbeitern von Organisationen, die mit jungen Menschen in La Laguna arbeiten, durchgeführt.
Ursprünglich arbeiteten wir mit Töchtern und Söhnen von Frauen und Männern, die an Betreuungsprogrammen im Bereich Gewalt teilnehmen, in den letzten drei Jahren richtet sich der Aufruf an Kinder, Kinder von 7 bis 16 und17 bis 25 Jahren,

unabhängig von ihren Merkmalen und ihrem individuellen und familiären Hintergrund.

Damals wurden 119 junge Menschen beiderlei Geschlechts und 120 Mitarbeiter von Organisationen, die mit jungen Menschen arbeiten, in die Studie einbezogen.

3 Organisationen der Zivilgesellschaft aus jeder der vier Städte Torreon und Matamoros in Coahuila und Gomez Palacio und Lerdo in Durango, Menschenrechtsverteidiger, Anbieter von Jugenddiensten und Reaktion auf Gewalt.

200 Schüler und Studenten sowie 200 junge Menschen aus den Slums ausgewählter Polygone, die am stärksten von Gewalt und Kriminalität betroffen sind, werden durch eine Kommunikations- und Advocacy-Kampagne sensibilisiert, um Gewalt zu verhindern und Diskriminierung aufgrund von Alter, Geschlecht, sozialem Status usw. zu verringern.

Aus diesen Jugendgruppen wurde eine Gruppe von 50 jungen Frauen und Männern zwischen 12 und 18 Jahren ausgewählt, deren Führungseigenschaften innerhalb der Familie, der Schule, der Gemeinde oder einer Gruppe von Gleichaltrigen auf ihr Durchsetzungsvermögen in ihren Handlungen und Einstellungen zurückzuführen sind, aber auch auf ihr proaktives Handeln, die Schaffung von Sozialkapital und ihre symbolische und selbstbildende Kraft.

Strukturen

Die Gestaltung der Workshops und die gleichzeitig geplanten Aktivitäten
Bei der Planung und Durchführung wurde nach dem Alter der Kinder und Jugendlichen vorgegangen, die Namen der Workshops markieren die thematischen Achsen, die in weiterer Folge angesprochen werden.
I Soziale Konstruktion von weiblichen und männlichen Identitäten".
II Stigmatisierung und Gewalt aus geschlechtsspezifischen Gründen als Faktoren der Gefährdung von Menschen in Konflikt- und Postkonfliktsituationen".
III "Geschlecht und Männlichkeit als Determinanten für eine gerechte Bereitstellung von Dienstleistungen für die Gemeinschaft".
IV Partizipation in der Führung von Mädchen, Jungen und jungen Menschen".
V Identifizierung von Vorschlägen und Partnerschaften mit Institutionen und NRO, um die gewonnenen Erkenntnisse in ihre Präventionsprogramme zur geschlechtsspezifischen Gewalt einzubeziehen".

Die gleichzeitigen Aktivitäten waren: Begegnungen, Camps, Kino-Foren, Freizeitaktivitäten, Theater, Kampagnen, Ephemeriden, Messen.

Das technische Team von Collective ofNew Men, Entscheidungsträger und Dienstleister aus öffentlichen und zivilgesellschaftlichen Organisationen waren an der Planung der Aktivitäten und der Schulung beteiligt.

3.3 Strategie

Praxis

Kinderfreundliche Räume als Strategie zur Bereitstellung von integrierten Kinderschutz- und Bildungsdiensten in Konfliktsituationen, Väter und Mütter sowie Schulverwalter genehmigen schriftlich die Teilnahme ihrer Töchter und Söhne an diesen Lernprozessen.

Zustimmung der Eltern/Erziehungsberechtigten: Wenn ein Kind bei einer Aktivität physisch anwesend ist, müssen seine Eltern/Erziehungsberechtigten eine Einverständniserklärung der Eltern ausfüllen. Außerdem sollten Sie die Eltern/Erziehungsberechtigten mündlich oder schriftlich über die Aktivität informieren, damit sie in Kenntnis der Sachlage entscheiden können, ob ihr Kind daran teilnehmen soll oder nicht.

Zustimmung der Kinder: Sie müssen den Kindern die Möglichkeit geben, ihre Zustimmung zur Teilnahme an der Aktivität oder dem Programm zu geben. Diese Zustimmung kann mündlich oder schriftlich erfolgen. Stellen Sie sicher, dass Sie den Kindern so viele Informationen wie möglich darüber geben, was sie tun werden.

Ziel der Child Friendly Spaces (CFS) war es, die Entwicklungs- und Lernbedürfnisse von 400 Jungen und Mädchen (0-18 Jahre) durch integrierten Schutz zu unterstützen,

psychosoziale und pädagogische Dienste. In allen Räumen wurden grundlegende Wasser- und Sanitäreinrichtungen bereitgestellt, und die Förderung der Hygiene wurde in den CFS-Lehrplan integriert.

Der Grad der Beteiligung von Kindern und Jugendlichen wurde entsprechend ihrer Altersgruppe bewertet.

Zu den wichtigsten Aktivitäten gehören:

• Freizeit-, Lern- und psychosoziale Aktivitäten einschließlich lokaler Spiele für Kinder (618 Jahre), die von lokalen Betreuern durchgeführt werden;
• Lebenskompetenzseminare für ältere Kinder und Jugendliche (12-18 Jahre);
• Sensibilisierungsseminare zur Verhinderung von Missbrauch und Gewalt sowie zu Schutzrisiken, einschließlich Bildung für das Leben.
• Erziehungsseminare für Betreuer von Mädchen und Jungen (6-11 Jahre)
• Identifizierung und Weiterleitung und/oder direkte Unterstützung von gefährdeten Kindern, einschließlich Überlebenden von Gewalt, Missbrauch und Ausbeutung;
• Identifizierung von gefährdeten Jugendlichen, z. B. Mädchen, die von Frühverheiratung bedroht sind, und Vermittlung von Hilfen zur Deckung des Grundbedarfs und zur Sicherung des Lebensunterhalts.

Die Child Friendly Spaces boten den Kindern einen sicheren Ort, an dem sie außerhalb ihres Zuhauses mit Gleichaltrigen in Kontakt treten und direkte psychosoziale Unterstützung erhalten konnten.

Wenn die Vermittler von New Men ein Problem mit dem Schutz von Kindern feststellten, wurden diese an lokale NRO weitergeleitet, um die entsprechende spezialisierte Unterstützung und Fallbearbeitung zu erhalten. In den CFS-Räumen wurden Jugendliche, insbesondere Mädchen, die von Frühverheiratung bedroht sind, und Kinder, die vom Drogenhandel betroffen sind, identifiziert und vorrangig mit Hilfsgütern, psychosozialer Unterstützung und Lebenskompetenzen versorgt. Die *Beteiligungsstrategie* umfasst zwei Arten von Methoden: Eine Lernmethodik, die sich auf die Methoden von Kind zu Kind, Peers und Ludopädagogik stützt, und eine Bewertungsmethodik, die das Treseder-Modell "Grad der Beteiligung" anwendet. Was ist die *Beteiligung von Kindern*?
Bei der Partizipation geht es darum, dass Kinder die Möglichkeit haben, ihre Meinung zu äußern, Entscheidungen zu beeinflussen und Veränderungen zu erreichen.

Es gibt viele verschiedene Ansätze, wie Sie Kinder in Ihre Arbeit einbeziehen können. Die Zeit und Energie, die Kinder in eine bestimmte Aktivität investieren, und der Nutzen, den sie aus ihrer Beteiligung ziehen, hängen von dem gewählten Ansatz sowie von anderen Faktoren wie den verfügbaren Ressourcen ab. So ist beispielsweise eine einmalige Konsultationsveranstaltung zeitlich begrenzt und die Beteiligung der Kinder wird relativ passiv sein. Ein langfristiges Projekt, bei dem Kinder Aktivitäten entwerfen und über mehrere Monate hinweg mit Erwachsenen zusammenarbeiten, erfordert mehr Zeit, Energie und Investitionen von Seiten der Kinder.

Es ist auch wahrscheinlicher, dass sie neue Fähigkeiten erwerben und positive Veränderungen herbeiführen. Der Grad der Beteiligung der Kinder hängt jedoch auch davon ab, wie gut Sie den Prozess unterstützen. Wir haben hier ein Modell angewandt, das viele Menschen als benutzerfreundlich und relevant empfinden.

Treseders Modell der "Grade der Beteiligung" (Degrees of Involvement)
In Treseders Modell gibt es fünf Stufen der Beteiligung, die als "unterschiedliche, aber gleichwertige Formen guter Praxis" zu betrachten sind. Es gibt keine Hierarchie der Beteiligung; die Art der Beteiligung hängt von den Wünschen der Kinder, dem Kontext, den Entwicklungsstufen der Kinder, der Art der Organisation usw. ab.

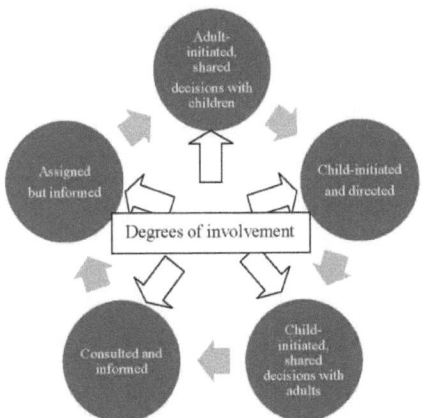

P Treseder, *Empowering children & young people: promoting involvement in decision-making*

Zugewiesen, aber informiert

Die Erwachsenen entscheiden über die Projekte und die Kinder nehmen freiwillig daran teil. Die Kinder verstanden die Projekte, sie wussten, wer sie einbeziehen wollte und warum. Die Erwachsenen respektierten die Meinung der Kinder.

Von Erwachsenen initiierte, gemeinsame Entscheidungen mit Kindern

Erwachsene hatten die ursprüngliche Idee, aber die Kinder wurden in jeden Schritt der Planung und Umsetzung einbezogen. Die Meinung der Kinder wurde berücksichtigt, und sie wurden in die Entscheidungsfindung einbezogen.

Konsultiert und informiert

Die Projekte wurden von Erwachsenen konzipiert und durchgeführt, aber die Kinder wurden konsultiert. Sie hatten volles Verständnis für die Prozesse, und ihre Meinung wurde ernst genommen *Kinder initiierten und leiteten*

Die Kinder hatten die erste Idee und entschieden, wie die Projekte durchgeführt werden sollten.

Erwachsene standen zur Verfügung, haben aber keine Gebühren erhoben.

Von Kindern initiierte, gemeinsame Entscheidungen mit Erwachsenen

Die Kinder hatten Ideen, stellten Projekte auf die Beine und wandten sich an die Erwachsenen, um Ratschläge, Diskussionen und Unterstützung zu erhalten. Die Erwachsenen erteilten keine Anweisungen, sondern boten den jungen Menschen ihr Fachwissen an.

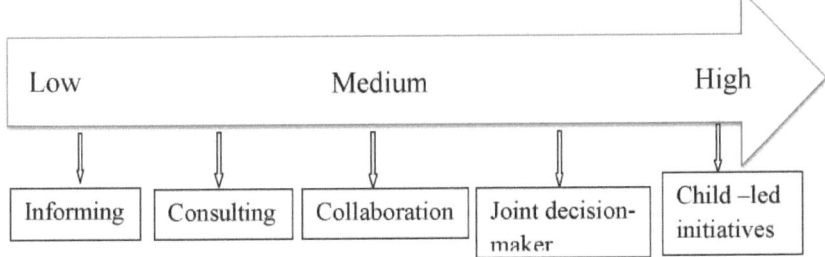

Beteiligung auf niedriger Ebene

• Kinder waren passiv

43

- Erwachsene übernehmen die Führung
- Erwachsene gestalten und legen die Parameter der Aktivität fest
- Kinder wurden eingeladen, an etwas teilzunehmen, das von Erwachsenen gestaltet wurde
- Kinder wurden informiert und konsultiert
- Zeitlich begrenzte oder einmalige Aktivität
- Erwachsene hatten den größten Teil der Macht
- Die Erwachsenen waren bereit, sich die Ansichten der Kinder anzuhören und zu berücksichtigen

Engagement auf mittlerer bis hoher Ebene
- Kinder waren aktive Protagonisten
- Kinder arbeiteten mit Erwachsenen zusammen
- Gemeinsame Entscheidungsfindung von Erwachsenen und Kindern
- Erwachsene und Kinder respektierten sich gegenseitig als gleichberechtigte Akteure
- Kinder waren an der Gestaltung von Aktivitäten beteiligt
- Kinder unterstützten oder leiteten Aktivitäten
- Die Beteiligung der Kinder führte zu Veränderungen
- Kinder haben neue Fähigkeiten erworben
- Manchmal (nicht immer) eine längerfristige Aktivität
- Kinder übernahmen die Führung und baten bei Bedarf um Unterstützung durch Erwachsene

Es kann sein, dass Kinder sich nicht an einer Aktivität beteiligen möchten oder dass Sie nicht die Zeit oder die Kapazität haben, auf diese Weise zu arbeiten. Wir wissen jedoch, dass Kinder am meisten davon profitieren, wenn sie die Möglichkeit haben, die Führung zu übernehmen, mit Erwachsenen zusammenzuarbeiten und gemeinsam mit ihnen Entscheidungen zu treffen, und zwar in Form von mehr Selbstvertrauen, Fähigkeiten, Wissen und Erfolgserlebnissen. Auch Erwachsene können durch diese Art der Zusammenarbeit viel gewinnen.

Die Beteiligung der Kinder und Jugendlichen erfolgte schrittweise und war abhängig von den Rahmenbedingungen, der verfügbaren Zeit und der Unterstützung durch die Eltern.
Die Zielgruppe von 50 Mädchen, Jungen und Jugendlichen wurde in der Mittel- und Oberstufe ausgewählt.

Überprüfung

Die Überprüfung ist ein Weg, um aufzuzeichnen, wie Kinder und Jugendliche aktiv beteiligt waren und, was noch wichtiger ist, wie die Teilnahme dazu beigetragen hat, ihr Verhalten zu ändern oder die sozialen Betreuungsdienste zu verbessern. Die Prozesse der Überwachung und Bewertung von 50 Kindern und Jugendlichen Beteiligung erlaubt das Kollektiv derNew Men, um die Erfahrungen zu systematisieren, identifizieren Erfolg Erfahrung und validieren Veränderungen im

Leben der Mädchen, Jungen und jungen Menschen, die in den Prozess der Sensibilisierung, Ausbildung teilgenommen.

2007 mussten sie sich mit neuen strukturellen und systemischen Veränderungen im Land, städtischer Gewalt, Kriminalität und den Aktivitäten im Zusammenhang mit dem Drogenhandelssystem auseinandersetzen. Diese Situation wirkt sich auf die individuellen Prozesse der Männer aus, die an den Programmen in unserer Region teilnehmen, und spiegelt sich in Schulabbruch, Gewalt in der Familie, Unruhen, Unsicherheit, Arbeitslosigkeit, Misstrauen usw. wider. Die soziale Distanz zwischen den Gruppen und die soziale Desorganisation werden immer offensichtlicher, die Räume werden zum Nährboden für neu entstehende Gewalt wie das organisierte Verbrechen (Park 2007).

Insbesondere häusliche Gewalt und Gewalt gegen Frauen war unsichtbar, die Medien legen mehr Gewicht auf diese aufkommende Gewalt.

Mit diesen Szenarien im Jahr 2008 die kollektive Arbeit mit Männern, Männer Neue Umstrukturierung, Programme, einschließlich der von Kindern und Jugendlichen wurde mit dem Beitrag der Freizeit-Methoden auf der Grundlage der Volksbildung und sozio-kulturellen Theorien verstärkt.

Während des Spiels wurden verschiedene Arten von Führungsqualitäten in den Kindergruppen erforscht, um sich selbst und andere Qualitäten zu identifizieren. Eine genaue Beobachtung durch den Spielleiter, den Mentor oder die jungen Teilnehmer ist wichtig.

Nach Zeiten der Gewalt und der Kriminalität erholen sich die Räume der lebendigen Sozialisation. Die öffentliche Agenda der Stadt Torreon beinhaltete die Wiederherstellung und Wiederbelebung von Straßen, Parks und Zentren des Zusammenlebens, Räume, die durch Angst und Unsicherheit aufgrund des Drogenhandels verlassen wurden.

3.4 Erreichtes Lernen

1, Vorrangige Berücksichtigung der Bedürfnisse und Interessen von Jugendgruppen und Entwicklung ihres Potenzials. Die Toleranz hilft, die Einstellungen und das Verhalten der jungen Menschen zu verändern.

2, Die Bedingungen der Koexistenz und des Vertrauens, die zwischen den Jugendlichen und den erwachsenen Nutznießern (Generationenaspekt) in den Ausbildungserfahrungen geschaffen wurden, waren ein Schlüsselfaktor für ihr Engagement für Verbesserungen, die eine Gelegenheit waren, Wünsche,

Bedürfnisse, Probleme, Frustrationen, Bestrebungen und Alternativen herunterzuladen und zu kanalisieren, ein wesentlicher Faktor zu Beginn einer Transformation von Ungleichheiten und Geschlecht.

3, Die umfassende, offene und aufgeschlossene Haltung der Erwachsenen, die die Entwicklung des Projekts begleiteten, als Pädagogen, Logistiker der Workshops und der Beteiligung und Einbindung der Jugendlichen war ein sehr wichtiger Aspekt, der integrative und nachhaltige Entwicklungsprozesse des generationsübergreifenden gegenseitigen Wachstums aufbauen kann. Erwachsene schränken ihre Macht bewusst ein und versuchen, den in diesen Gesellschaften vorherrschenden Erwachsenenzentrismus zu überwinden, um Platz für den Einsatz der eigenen Forschungskapazitäten und der Jugend zu schaffen.

4, Es gibt einen bedeutenden Lernprozess, um zu sehen, dass die interinstitutionellen Initiativen New Men und den Austausch von Erfahrungen und die Vereinheitlichung der Kriterien und Sprache mit den Service-Organisationen und Jugend, so dass sie eine größere Kohärenz und die Fähigkeit, nahtlos auf die Prävention von Gewalt und gleichberechtigte Beziehungen zusammenarbeiten.

Gemeinsame Anstrengungen erleichtern die Lösung von Problemen, - die Bereitschaft, im Team zu arbeiten, um die Herausforderungen der aufkommenden städtischen Gewalt zu bewältigen,

5, Die Konsistenz des methodischen Konzepts und seine systematische Entwicklung ist sicherlich ein Faktor, wertvolle Erfahrung, die sortieren können, daraus zu lernen und erhöhen ihre potenzielle Replizierbarkeit unter Berücksichtigung der Besonderheiten der einzelnen sozialen Szene in dieser Vielfalt von Kontexten und Bevölkerungsgruppen, wo dieses Projekt umgesetzt wird, Er kann Realitäten ändern, um durch Spiele (Ludo-Pädagogik),

6, Die Einbeziehung junger Frauen und Männer aus der konkreten Erfahrung der Jugendbeteiligung bietet Möglichkeiten für die Entwicklung von Erfolgsfaktoren, in denen der Aufbau von Kapazitäten wie die Organisation und Mobilisierung junger Menschen, Jugendführung, Visionen und engagiertes Handeln im Interesse des sozialen Wandels stehen. Die Entstigmatisierung, die den Bemühungen um eine breite Einbeziehung zugrunde liegt, ist eine Säule der Arbeit mit Jugendsektoren, und dass Stigmatisierung und Diskriminierung zu den wichtigsten Hindernissen für eine nachhaltige, tiefgreifende und transformative Arbeit gehören, die für die Entwicklung unserer Region notwendig ist,

7, Was die Nachhaltigkeit betrifft, so scheint sie weitgehend auf einer höheren Fähigkeit zur Verwaltung der Ressourcen durch Frauen und junge Menschen zu beruhen, aber auch auf der Fähigkeit, die Arbeit dieser Initiativen zu präsentieren und konkrete Ergebnisse in ihrer institutionellen und organisatorischen Arbeit zu erzielen,

Die im Rahmen der Schulungen erworbenen Kenntnisse ermöglichten es den Frauen, ihre eigenen Freiräume zu erkennen und ihre Fähigkeit, Entscheidungen zu treffen,

8, Die Erfahrung hat ein gewisses institutionelles und organisatorisches Niveau erreicht, z. B. die Bildung von Gruppen von Kindern und Jugendlichen, die sich auf spezifische Präventionsfragen konzentrieren, die zu einer besseren Lebensqualität beitragen, die Interaktion mit Beamten und öffentlichen Bediensteten, die Stärkung der Führungsrolle mit organisatorischen Kapazitäten,

9, Gender und Praxis der Führung von Mädchen, Jungen und jungen Menschen ist eine gute Strategie für Empowerment,

10, In Konfliktsituationen ist es wichtig, den Standort und die Umsetzungsstrategie für kinderfreundliche Räume frühzeitig festzulegen und dabei die physische Sicherheit und Zugänglichkeit, die soziale Zugänglichkeit, die lokale Eigenverantwortung, die Einbeziehung der am meisten ausgegrenzten Kinder und die Zugänglichkeit zu anderen Diensten zu berücksichtigen,

11, Der integrierte Ansatz von Kinderschutz, psychosozialen und pädagogischen Aktivitäten in den Child Friendly Spaces war eine erfolgreiche Strategie, um eine langfristige Unterbrechung des Unterrichts zu vermeiden und den Lernenden während der Krise zusätzliche Unterstützung zu bieten,

3.5 Schlussfolgerungen

Erwachsene, wie z.B. Dienstleistungsanbieter, haben als wichtige Lernfaktoren, öffentliche und private Organisationen, die den geschlechtsspezifischen Ansatz für die Bedürfnisse von Mädchen und Frauen berücksichtigen, die Auswirkungen von Stigmatisierung und Diskriminierung von Mädchen, Jungen und Jugendlichen allein aufgrund ihres Alters und ihrer Geschlechtszugehörigkeit, die Unterschätzung ihrer Fähigkeiten zur Beteiligung an Angelegenheiten, die sie betreffen und beeinflussen, die Wirksamkeit von Lehrmethoden auf der Grundlage von Spiel- und Filmforen identifiziert. Sie sind der Meinung, dass die organisierte Beteiligung von Jugendlichen an Freizeitaktivitäten und am Kinoforum wichtig ist, was dazu motiviert hat, auf andere öffentliche Organisationen oder die Zivilgesellschaft überzugreifen.

Junge Menschen, als Schlüsselerfahrungen, beziehen sich auf eine höhere Organisations- und Partizipationsfähigkeit, soziale Medien, Geschlechtergerechtigkeit, Nicht-Diskriminierung von gefährdeten Menschen.

Die Erfahrungen der lokalen New Men in der Arbeit mit jungen Menschen in der Region La Laguna wurden als Alternative zur Verringerung der Verwüstungen der

Gewalt angesprochen, zur Verzweiflung der Familien zu sehen, wie mehr und mehr junge Männer in das System der Gewalt und Kriminalität im Zusammenhang mit Drogenhandel, Drogen, Fahrzeuge, Menschen, Waffen, die in einer Hierarchie der Macht-Powerlees von Kindern-Jugendlichen, genannt "Falken" "zetillas" zu "primos", "bads" kooptiert werden.

Viele der Jugendlichen, die früher an den Rand der Gesellschaft gedrängt wurden, waren in Banden zusammengeschlossen, die zweifellos eine ganz andere Gruppenhierarchie und auch andere kriminelle Aktivitäten hatten. Heute gibt es diese Banden nicht mehr, und viele ihrer Anführer sind verschwunden oder wurden getötet. Diejenigen, die überlebt haben, sind in die Netzwerke des organisierten Verbrechens eingebunden und an verschiedenen illegalen Aktivitäten beteiligt.

Im Gegensatz dazu spielen Mädchen in dieser Gewaltkette die erniedrigendere Stufe in der Hierarchie der Männer, als "mulas" (Drogenhändler), um die Verantwortung für die entführten Menschen zu übernehmen, um Wache zu halten.

Die Initiativen dieser jungen Menschen werden von den Erwachsenen in der Regel nicht beachtet, und innerhalb dieser gefährdeten Gruppe haben Mädchen und Frauen einen großen Nachteil, der mit Fragen des Geschlechts und des Gender zusammenhängt. In einer patriarchalischen Gesellschaft wie der unseren gibt es "viele" hegemoniale Kräfte, in denen junge Menschen keinen Platz in der Entscheidungsfindung haben, jung zu sein ist in unserem Land ein Grund für "Misstrauen", "Unerfahrenheit" "Unverbindlichkeit" "Unreife" jemand in einen Übergangsritus, wenn sie Männer oder Frauen werden.

Wenn wir von der Idee ausgehen, dass die Beteiligung von Jugendlichen ein Auslöser für soziale, politische oder wirtschaftliche Veränderungen sein kann. In der Region La Laguna ist die Jugend vor dem Hintergrund eines komplexen Szenarios von Urbanisierung, Globalisierung und Entwicklung auch mit sozialer, politischer und wirtschaftlicher Gewalt konfrontiert, die mit Risikofaktoren für einen schwierigen Schutz behaftet ist.

Die Sicherheitslage war ein ständiges Problem, da die Situation weiterhin unbeständig war. Angesichts dieser Situation konnten die Mitarbeiter von New Men nicht immer zu den Projektstandorten reisen, was die lokale Führung und Verantwortung noch wichtiger machte. Die lokalen Behörden und die Betreuer von New Men waren für die kontinuierliche Bewertung der Sicherheit in den Child Friendly Spaces zuständig. Wenn die Risiken zunahmen, wurden die Aktivitäten eingestellt. Eine der größten operativen Herausforderungen ist die unbeständige Sicherheitslage, in der New Men operiert. In den meisten Programmgebieten sind nichtstaatliche bewaffnete Akteure und militärische Gruppen noch immer aktiv, und Sicherheitsvorfälle sind keine Seltenheit.

Wir gehen davon aus, dass es sich bei Gewalt um ein erlerntes Verhalten handelt, das aus der Aneignung der Asymmetrie in den Geschlechterbeziehungen und dem Verständnis dieser Asymmetrie als Ergebnis der Geschlechterhierarchie entsteht. Wir sind der Ansicht, dass einer der Wege zum Abbau gewalttätiger Verhaltensweisen in der Schaffung egalitärer Denkschemata und der gegenseitigen Achtung der Menschenrechte besteht, einschließlich der Rechte junger Menschen, vor allem von Mädchen und Frauen. Diese Grundsätze sind in der zentralen Agenda für Entwicklung nach 2015 enthalten:

Das System des Drogenhandels und der Kriminalität in Mexiko ist sehr mobil, mehrere Bundesstaaten werden von Gewalt erschüttert, die an Durango und Coahuila angrenzenden Bundesstaaten wie Tamaulipas, Nuevo Leon, Zacatecas und Chihuahua sind stark von der Gewalt betroffen, und in unserer Region fordern einige Gruppen von den lokalen, bundesstaatlichen und föderalen Behörden Gerechtigkeit für ihre durch Gewalt vermissten Angehörigen.

Derzeit gibt es in Torreon mehr als 568 öffentliche Plätze für den freien Verkehr. Diese öffentlichen Plätze sind eine der wichtigsten Infrastrukturen der Stadt, die eine Interaktion zwischen den Menschen ermöglichen, die sie frequentieren.

Aufgrund der Umsetzung des Programms "Städte und öffentliche Räume, die für Frauen und Mädchen sicher sind" in Torreon durch UN Women ist es relevant zu analysieren, wie die öffentlichen Räume für ein gesundes Zusammenleben gestaltet sind, in denen Frauen und Mädchen Zugang zu gewaltfreien Orten haben (Ana Falu & Olga Segovia 2007).

Der öffentliche Raum ist der gemeinsame Ort, an dem die Bürgerinnen und Bürger interagieren, an dem die Kultur einer Gemeinschaft gestaltet wird und zum Ausdruck kommt; diese Orte sind Straßen, Plätze, Parks, Sportanlagen sowie Märkte, Theater, Regierungsgebäude, Kinos, Orte der Unterhaltung und Freizeit.

Aber in der Stadt gibt es auch private Räume mit eingeschränkter öffentlicher Nutzung, die sich in Gegenden mit höherem sozioökonomischen Niveau befinden. Sie sind in geschlossenen Räumen untergebracht und überlassen dem freien Verkehr nur ein exklusives Straßennetz, das die Zugänge zu diesen privaten Räumen verbindet und dieses Netz zu einem unsicheren Ort macht, weil es nicht angemessen gestaltet ist, um den Bürgern die Integration in den Raum und die verschiedenen Formen der Mobilität zu ermöglichen.

Das Programm von UN Women empfiehlt bei der Gestaltung und Planung öffentlicher Räume, die Gleichstellung der Geschlechter zu stärken, wie z. B: Angemessene Sichtbarkeit rund um das Gebiet, einige Spielbereiche liegen in der Nähe der angrenzenden Häuser, um eine soziale Überwachung zu ermöglichen, eine klare räumliche Anordnung des gesamten Parks und der Spielzonen.

Es wird auch empfohlen, dass Städte multifunktionale Spielbereiche haben, d.h. spezielle Bereiche für Aktivitäten, die von Mädchen bevorzugt werden, wie z.B. Volleyball. Diese Maßnahmen sollten als geeignet bewertet werden, um in die Planung und Gestaltung des öffentlichen Raums der Städte aufgenommen zu werden, zusammen mit einer wirksamen umfassenden öffentlichen Politik mit Sicherheitsprogrammen mit Kampagnen, die die Denunziation, die Achtung der Rechte von Frauen und Mädchen fördern, um dazu beizutragen, soziale und kulturelle Bindungen zwischen den Menschen zu stärken. (Institut Municipal de Planeacion y Competitividad de Torreon (IMPLAN) 2013-2017.

Erreichen von Frieden und Sicherheit
". Verteidigung der Rechte von Frauen und jungen Menschen, frei von Gewalt zu sein, einschließlich sexueller und geschlechtsspezifischer Gewalt, um Frieden und Sicherheit zu erreichen und die reproduktiven Rechte zu schützen. Schutz der am meisten gefährdeten Bevölkerungsgruppen in Konfliktsituationen und natürlichen Notlagen..." (UNFPA, 2015)

Bibligraphie

BRISENO-LEON, R. (2002). VIOLENCIA, SOCIEDAD Y JUSTICIA EN AMERICA LATINA. Buenos Aires:CLACSO ISBN 950-9231-81-9.

CARRION, M. F. (2008 v.34 n.103). Violencia Urbana: un asunto de ciudad. EURE (Santiago).

Volkszählung und Lebensstil (2010). Perfil sociodemografico : Estados Unidos Mexicanos : Censo de Poblacion y Vivienda 2010 / Instituto Nacional Estadistica y Geografia.-- Mexiko : INEGI, c2013.

Centro de Investigacion Mexico Avanza y Fundacion para la Promocion, Desarrollo y Empoderamiento de las Mujeres, A.C. Diagnostico participativo de violencia sexual contra mujeres en los municipios de Gomez Palacio y Lerdo, Durango 2014

Centro de Capacitacion Estudio y Difusion Nino a Nino, Cuenca, Ecuador. Esperanza, Alegremia y Salud de los Ecosistemas, Metodologia Nino a Nino, Guia para Facilitadores,

Übereinkommen über die Rechte des Kindes -1990
http://www.ohchr.org/Documents/ProfessionalInterest/crc.pdf

ERKLÄRUNG VON DELHI UND AUFRUF ZUM HANDELN: 2. MenEngage Global Symposium 2014 Männer und Jungen für Geschlechtergerechtigkeit 10-13 November 2014 | India Habitat Centre | New Delhi

Rechte von Kindern und Jugendlichen in Coahuila, 2014-2017

FALU, A. (2009). MUJERES EN LA CIUDAD. De violencias y derechos. Santiago de Chile: Red Mujer y Habitat de America Latina - Ediciones SUR.

FALU Ana & Olga Segovia, CIUDADES PARA CONVIVIR: SIN VIOLENCIAS HACIA LAS MUJERES -Debates para la construccion de propuestas -Ediciones SUR, 2007 J. M. Infante 85, Providencia, Santiago de Chile

corporacionsur@sitiosur.cl - www.sitiosur.cl

GARCIA, A. (2008) DECONSTRUYENDO EL SEXISMO ENTRE LOS JOVENES: Una Alternativa para Prevenir la Violencia de Genero. Colectivo de Hombres Nuevos de la Laguna, Torreon, Coahuila. Mexiko www.astalo45.wordpress.com

GARCIA, A. (2007) Un Lugar en donde los hombres son aceptados. Colectivo de Hombres Nuevos de La Laguna, Torreon, Coahuila,

Mexiko. www.astalo45.wordpress.com

Instituto Municipal de Planeacion y Competitividad de Torreon (IMPLAN) Organo tecnico responsable de la planacion del desarrollo del municipio de Torreon, Coahuila, Mexico. http://www.trcimplan.gob.mx/blog/espacios-publicos-seguros-para- muj eres-y-ninas. html

LONDONO, J. L. y R. GUERRERO, "Violencia en America Latina. Epidemiologia y costos", Red de la Oficina del Economista Jefe, Banco Interamericano de Desarrollo (BID), Washington DC.1999

MOSER, C. Umwelt & Urbanisierung, Vol.16, Nr.2, Oktober 2004

PARK, R.E. The Concept of Social Distance As Applied to the Study ofRacial Einstellungen und rassische Beziehungen. Das Mead-Projekt 2007

Plan International (2017) *Child Friendly Spaces Providing child protection and education in conflict settings: a case study from Timbuktu, Mali.* United Kingdom: Plan International.

POLLY Wright, Claire Turner, Daniel Clay und Helen Mills. Die Beteiligung von Kindern und Jugendlichen an der Entwicklung der Sozialfürsorge. LEITFADEN FÜR DIE BETEILIGUNGSPRAXIS 06 Programm zum Schutz und zur Gewährleistung der Menschenrechte von Kindern und Jugendlichen und staatliches Garantiesystem - 2017

Programa para la Igualdad y No Discriminacion. Coahuila de Zaragoza 2014 2017

SEIDLER, J. (2007). STÄDTISCHE ÄNGSTE UND GLOBALE SCHRECKEN. Staatsbürgerschaft, Multikulturen und *Zugehörigkeit nach 7/7*. London und New York : Routledge, Taylor and Francis Group Library.

SERRATO, M.L. Ninos, Ninas y Jovenes en Riesgo. Entre politicas de reclutamiento de los grupos armados y estrategias de prevencion y resistencia de las comunidades Bogota, Kolumbien, 2011

TIJERINO, "La Funcion del Marco Juridico en la Promocion de la Equidad de Genero" Serie: Cuadernos de Genero para Nicaragua # 5, 2008,

UNSERE WELT VERÄNDERN: DIE 2030-AGENDA FÜR NACHHALTIGE ENTWICKLUNG (2015) https://www.un.org/pga/wpcontent/uploads/sites/3/2015/08/12081 5_outco me-document-of-Summit-for-adoption-of-the-post-2015-development- agenda.pdf

P. TRESEDER, *Empowering children & young people: promoting involvement in decision-making*, Save the Children, 1997.

VILALTA, P.C.J. El Miedo al Crimen en Mexico: Estructura Logica, Bases Empiricas y Recomendaciones Iniciales de Politica Publica. VOL UMEN XIX . NUM. 1. I Semestre de 2010

VILALTA, C.J. Los determinantes de la percepcion de inseguridad frente al delito en Mexico, Banco Interamericano de Desarrollo, 2012.

DEUTSCH Marino S. y Lola Cendales G. Educacion No Formal y Educacion Popular Hacia una pedagogia del dialogo cultural Federacion Internacional deFey Alegria desde el ano 2001. Caracas 2004 http://www.feyalegria.org/images/acrobat/EducNoF

odermalEducPopular_4834.pdf

Printed by Books on Demand GmbH, Norderstedt / Germany